PROFESSION PRODUCTEUR

Marin Karmitz

PROFESSION PRODUCTEUR

Conversations
avec Stéphane Paoli

HACHETTE
Littératures

Ouvrage publié sous la direction de
Sylvie Pierre-Brossolette

PRÉFACE

Il a eu la chance de connaître Rossellini, Beckett, Kieslowski, Duras, Kiarostami, Godard. Qu'a-t-il fait de cette chance ? Des films. Ils sont pour beaucoup d'entre eux le meilleur de la production cinématographique de ces trente dernières années. Marin Karmitz, par ses choix et son engagement, a composé une œuvre cinématographique. Mais qu'a-t-il fait de cette chance pour lui-même ? Je ne sais pas répondre à cette question. Du reste, mon rôle dans l'entreprise de ce livre d'entretien n'était pas de répondre aux questions mais de les poser. J'en ai posé très peu. J'ai vite compris que Marin Karmitz avait moins envie (besoin ?) de répondre à des questions que de parler de lui. Pourquoi pas ! Les créateurs sont narcissiques. Mais pour être un grand producteur, est-il un créateur ? Il voulait être réalisateur, faire des films et laisser son empreinte, aussi forte que celle de Rossellini, Godard ou Kieslowski. Il ne l'a pas été. Pourquoi ? C'est une autre question à laquelle je ne sais pas répondre car rien de ses commentaires ou de ses explications ne permet de comprendre comment, ayant à ce point la volonté de tout contrôler, il a renoncé à écrire et filmer ses propres histoires. À moins que l'art ne l'intéresse moins que le pouvoir, à moins que cet exilé, ayant compris enfant qu'être juif pouvait fermer des portes et des ports, n'ait décidé d'être l'initiateur de grands films, c'est-à-dire d'être le Père, c'est-à-dire d'être Dieu. Comme au théâtre le deus ex machina, ou un peu plus ? Ma conviction est qu'il veut l'être un peu plus. Évoquant l'universalité des grands thèmes, il se présente comme celui qui, seul contre tous et contre les marchands, a pris le risque du contenu, du sens, de l'histoire plutôt que la facilité de la connivence avec le marché et les images sans mémoire. D'une telle pugnacité, Marin Karmitz, s'il avait voulu être cinéaste, si tel avait été son choix, le serait ou le serait resté après ses quatre premiers films. Il n'est pas homme à renoncer. Or, il a renoncé. C'est donc qu'autre chose l'intéresse : être producteur. Qu'est-ce que cela veut dire ? Occuper tout l'espace mental du réalisateur, le champ de son écriture, celui de sa méthode de tournage, parfois jusqu'au choix du directeur de la photographie, celui de la durée du film, celui de son économie incluant la question du décor, du choix du mobilier, il a été antiquaire et connaît tous les prix. Marin Karmitz croit au hasard des rencontres, dit-il. Soit. Mais ensuite, il ne laisse plus rien au hasard. C'est à prendre ou à laisser. Et ce n'est pas le fait du hasard si nombre de cinéastes lui doivent leur deuxième premier film, Godard, Chabrol, des Anglais, des Allemands, des Polonais, des Iraniens dont plus personne ne voulait, des frères de l'enfant juif qu'il avait été, lui refoulé de port en port, eux, comme lui, oubliés ou recalés. Peut-être y a-t-il là une clé pour comprendre Marin Karmitz apparaissant aux yeux de tous ceux-là comme leur destin. Dieu n'est pas si loin. Pourtant, il ne faut pas lui parler de Dieu. Si l'étude des textes l'occupe, jusqu'à avoir créé sa propre école talmudique, la croyance, la foi, le dogme lui sont insupportables. Pressent-il que ce qui est écrit dans le Livre, ce qui est figé dans le rituel, ce qui ne peut être remis en cause ou en question porte la mort autant que l'éternité? Marin Karmitz ne veut pas mourir, jamais. Il tente donc de s'imposer aux hommes et au temps. Ce faisant, il peut provoquer la révolte. Si, à ce moment, quelque talent existe en face de lui, alors naît un grand film et pour quelques-uns de ceux qu'il a produits, un chef-d'œuvre. Il faut des armes face à un dialecticien tel que lui depuis toujours. Depuis qu'entre sa mère, belle aristocrate érudite et menteuse, et son père, issu de la pauvreté, devenu riche et puissant, l'engageant à respecter sa parole et la vérité, il lui a fallu choisir entre l'amour et l'admiration. Quelques heures d'écoute me laissent à penser que de sa mère à son père, Marin Karmitz a exploré et exploité toutes les voies de passage possibles. Exercice difficile, solitaire. On n'y croise que peu de loups de cette espèce. Par ailleurs, la solitude est aristocratique. Va pour la solitude, elle fera plaisir à la mère. Quant à la parole, en mémoire du père puisqu'elle doit être respectée, il convient de peu la donner, d'en définir précisément les enjeux et les règles. Marin Karmitz n'a pas d'amis, m'a dit un de ses amis. Lucide. Autant l'être avec un caractère sauvage, on a moins de surprises. Lui se garde de toute surprise. Ainsi de ce livre et de son protocole. Nous avions décidé de nous retrouver dans son bureau tiré au cordeau, décoré de meubles d'architectes, de toiles de maîtres et de sculptures d'artistes confirmés et hors de prix, tous les mardi et vendredi matin. L'entretien durait deux heures, enregistré sur un minuscule magnétophone numérique, prouesse technologique telle qu'il les aime, autant que les belles montres, les belles voitures, les beaux stylos, la beauté en général, celle des femmes surtout mais il remarque et décrit aussi celle des hommes, celle de Beckett ou de Giacometti. Il

10

avait été convenu que la transcription de nos rencontres serait reprise et mise en forme par sa femme, psychanalyste réputée et talentueuse. Je n'avais pas le temps d'écrire, Karmitz était complexe et passionnant, son épouse brillante, nous étions trois pour faire un livre, maîtrisé. Les mardi et vendredi matin, Marin Karmitz éteignait son téléphone, testait le magnétophone et nous commencions. Ma première question, le premier jour avait repris celle que lui avait posée, dans l'un des courriers électroniques quotidiens qu'il lui adressait pendant un tournage, un jeune réalisateur qu'il produisait pour la première fois. Pourquoi faisons-nous des films ? demandait-il à Karmitz. Pourquoi faites-vous des films ? ai-je demandé à mon tour. Plus de vingt heures d'un monologue rarement interrompu ont été numérisées, riches d'anecdotes, de détails, de portraits parfois acérés de figures du cinéma, des travers de certaines (Catherine Deneuve toujours en retard), du manque de courage ou de vision des politiques, de leurs calculs et leurs arrangements, de la guerre des images engagée entre l'Amérique et l'Europe, peut-être déjà perdue par l'Europe, tout étant dit d'une parole et d'une voix contrôlées avec pourtant, en quelques occasions lorsqu'il a évoqué sa relation créatrice quasi fusionnelle avec Kieslowski ou un prix reçu à Venise pour *Comédie* de Beckett, une émotion

11

intense, fugitive, aux larmes. Je n'ai jamais, dans aucun entretien, reçu une telle confiance. Marin Karmitz a donné, sans effusion, avec méthode. Comment entrer dans un décor ? c'est l'une des questions premières pour un metteur en scène. Marin Karmitz est entré dans son histoire naturellement mais seul, alors que nous nous y étions mis à trois. Tels sont souvent les créateurs puisque, bien sûr, il en est un. Grand.

Stéphane Paoli

1

AU REVOIR LES ENFANTS

Je n'ai pas été un enfant prodige. Je n'ai pas eu une vocation. À l'âge de cinq ans, je ne me suis pas dit : «Je vais faire du cinéma.» J'ai essayé d'adapter et de transformer un certain nombre de contraintes, de pressions ou de volontés extérieures.

Ma mère tout d'abord. Elle est née dans un port au bord de la mer Noire, en Roumanie, de parents immigrés d'origine syrienne, des séfarades. Son père était médecin ; un père sans doute autoritaire : les photos montrent un homme très droit, portant beau, les cheveux coupés court. Curieusement, je n'ai jamais éclairci le mystère suivant : il était médecin colonel en retraite de l'armée roumaine, chose tout à fait impossible car l'armée était, en principe, interdite aux juifs. Il a continué à exercer la médecine dans le civil. Il avait deux fils et deux filles. Ma mère a été élevée à Notre-Dame de Sion, chez les sœurs, où elle a reçu une éducation française. Les sœurs de Sion avaient pour mission de convertir les juifs. J'ai encore en mémoire des photos d'elle en pensionnaire, avec de grands rubans comme ceux des jeunes filles de la Légion d'honneur. Elle rêvait de quitter cette province, de devenir journaliste, de faire carrière, elle rêvait de tout sauf de la vie qu'elle a menée.

Comme elle était très belle, ses parents ont choisi, par l'intermédiaire d'une marieuse professionnelle, le meilleur parti proposé, mon père, quelqu'un de très différent, élevé plutôt à la dure. Son propre père avait été marchand des quatre saisons. Il vendait des fromages sur les marchés et était devenu le plus grand fromager de Bucarest. Mon père, lui, avait commencé à travailler vers l'âge de treize ans. Il avait fait très peu d'études. Ils étaient quatre frères, lui était le plus jeune. L'aîné avait fait fortune avec une idée géniale. Il avait commencé comme contrôleur des wagons-lits sur la ligne Bucarest-Vienne-Paris. Les gens lui demandaient de rapporter des médicaments de France et d'Allemagne car la Roumanie en manquait singulièrement. Grâce à ses contacts, il a monté une petite officine d'importation de médicaments qui s'est très vite développée. Il a commencé à employer son deuxième frère puis le troisième et enfin mon père. Cette officine est devenue rapidement la plus grande industrie de médicaments et de produits chimiques des Balkans. Les quatre frères figuraient parmi les hommes les plus riches de Roumanie. Mon père était donc un très beau parti.

Ma mère s'est mariée jeune ; elle est partie vivre à Bucarest dans une famille qu'elle ne connaissait pas et ses rêves se sont brisés : sa position sociale, élevée pourtant, ne correspondait en rien à ce dont elle rêvait chez les bonnes sœurs. Mon père était tout sauf un intellectuel alors que ma mère se nourrissait de littérature française, italienne, allemande et parlait couramment cinq langues. Le décalage était considérable. Quand je suis né – c'est le sentiment que j'ai toujours eu – elle a reporté sur moi, le fils aîné, ses désirs inassouvis, son besoin d'être considérée, d'être dans un autre monde. Je ne l'ai compris que beaucoup plus tard mais ça a été son idée fixe : il fallait que son fils évolue dans un milieu intellectuel, proche de la création.

J'étais une source de conflits permanents entre mes parents car mon père souhaitait tout autre chose. Il voulait que je devienne un homme d'affaires comme lui, que je prenne sa succession, bref, que je sois impliqué dans le monde de l'argent, de la réussite financière, de l'industrie pharmaceutique. Deux conceptions du monde

15

s'opposaient autour de ma personne et pas seulement autour de mon avenir. Il y avait d'une part, l'exigence morale de mon père qui me disait : « Quand on donne sa parole, on ne la retire pas » et surtout : « On ne ment pas ». Ces préceptes se sont profondément ancrés. Et d'autre part, le mensonge permanent de ma mère, en particulier à l'égard de mon père. Ma mère et ses amants, ma mère et sa double vie, ma mère et son double discours dont elle me rendait complice, me mettaient dans une situation constante de mensonge à l'égard de mon père. Elle m'a amené à faire des choses invraisemblables pour cautionner ses mensonges, la protéger, participer à sa double vie. J'étais son alibi vis-à-vis de mon père. J'ai détesté cela et je garde une horreur tenace du mensonge. J'ai toujours eu des réactions violentes devant quelqu'un qui ment ou qui ne tient pas sa parole.

Dans le même temps, j'ai repris à mon compte très jeune la révolte de ma mère contre son milieu, son désir d'être ailleurs, sa haine – oui, sa haine – de la bourgeoisie à laquelle elle était pourtant très intégrée. J'ai rejeté ce milieu d'une façon, d'ailleurs, tout à fait excessive, qui m'a amené à me révolter contre mon père et tout ce qu'il représentait. Lui lisait mal, parlait mal le français, écrivait avec des fautes d'orthographe alors que ma mère était très cultivée. Deux mondes. Et je devais choisir. Rétrospectivement, contrairement à ce que je pensais, je n'ai pas choisi entre mon père et ma mère ; j'ai plutôt scellé leur alliance : celle de la création et de l'industrie.

Dire merde à la peur

Dans ma réflexion, je suis parti des comptes que j'avais à régler avec ma mère et qu'elle-même avait à régler avec son propre passé, puis, plus largement, des comptes que j'avais à régler avec ma famille. C'est une démarche dialectique articulant un besoin purement individuel et un désir de m'inscrire dans une histoire passée et à venir. Cette révolte à l'égard de ma famille, révolte naturelle et fréquente chez tout adolescent m'a amené à contester la bourgeoisie dans laquelle j'étais né, et à le faire à travers et par le cinéma.

Pourquoi le cinéma ? Quand on me pose cette question, c'est toujours le même souvenir qui revient. Vers l'âge de cinq ans, mes parents m'avaient offert un appareil de projection. J'avais invité une petite fille qui, manifestement, me plaisait beaucoup puisque je me souviens d'elle et particulièrement de sa robe. Une robe blanche, un peu large. Je l'avais invitée à voir un film comique que j'ai oublié. C'était dans un couloir en haut d'un escalier. J'étais très ému d'être tout seul avec elle. Tout à coup, l'appareil a pris feu. Le premier souvenir que j'ai du cinéma, c'est celui d'un appareil de projection prenant feu, la pellicule se consumant tandis que je brûlais moi-même de désir pour cette petite fille. En Roumanie, je ne suis jamais allé au cinéma.

Je suis arrivé en France à neuf ans. Nous sommes partis à quarante, enfermés dans des wagons parce qu'il ne fallait pas que le pays sache que la famille Karmitz partait. C'était en 1947. Le train nous a conduits à Constanza, un port sur la mer Noire, où nous avons embarqué sur un bateau battant pavillon roumain. Nous voulions descendre le plus vite possible car mon père avait peur de se faire ramener en Roumanie, les juifs – ils étaient nombreux – étant interdits de descente. J'ai passé Noël 1947 sur le bateau. Les non-juifs étaient descendus. Nous, les juifs, restions devant un arbre de Noël, sur le bateau. Ceux que ce sapin pouvait concerner, les chrétiens, avaient débarqué à Istanbul.

À Haïfa, les juifs avaient absolument voulu descendre mais les Anglais leur tiraient dessus. Certains fuyaient la nuit. La peur s'installait. J'entendais mes parents hésiter, ne sachant quelle décision prendre ; ceux qui descendaient risquaient leur vie. Nous ne savions pas ce qui allait nous arriver. Le bateau est reparti vers Naples, alors occupé par l'armée américaine. Là, nous avons pu sortir, à condition de rester dans les limites du port : nous n'avons pas pu entrer en Italie. À Marseille, il fallait absolument descendre, quitte à se jeter à l'eau ; c'était le terminus. Un oncle, qui avait préparé notre arrivée, nous attendait.

Aujourd'hui encore, lorsque je passe une frontière, je suis pris de panique. Être émigré, c'est ne pas avoir de papiers en règle, c'est être à tout moment rejeté du pays où l'on va, être arrêté, renvoyé, ramené. D'ailleurs, quand je reviens sur mon enfance, je pense à la peur. Il est très difficile d'expliquer ce que c'est qu'avoir peur, être soumis à une chose très confuse parce qu'elle n'est pas nommée. Je me rappelle très bien les circonstances de l'apparition de cette peur. Un voisin affolé était venu nous dire un soir qu'il avait été cambriolé. J'ai commencé à avoir peur la nuit. J'étais cependant en état de peur permanent car j'ai vécu des événements beaucoup plus effrayants que le cambriolage du voisin. Face à la peur, il y a peu de solutions. Je n'en voyais que deux : se soumettre ou combattre. Se soumettre, c'est devenir un objet aux mains de cette peur. C'est un sentiment tellement fort qu'on finit par s'y dissoudre. Comme du vitriol. La seule solution, quand on en a les moyens, est de combattre. La peur ne disparaît pas, elle laisse place à quelque chose d'autre qui n'est pas du courage mais une réponse à la peur. Je ne suis pas spécialement courageux. Simplement, je dis merde à la peur. Dire merde à la peur, c'est dire merde à tout ce qui est tentative de pression, de violence des autres sur soi. Cela commence par soi mais, si on réfléchit un peu, répondre à un problème personnel sans répondre à un problème général ne résout pas le problème personnel. Il vaut mieux passer du temps à combattre des violences quotidiennes : l'exclusion, l'inégalité, la violence faite aux femmes, le mépris. Comment ? D'abord peut-être précisément par la violence. J'ai horreur de la violence, pourtant je suis capable de me montrer très violent. Je maîtrise à peu près les choses maintenant mais il m'est arrivé d'entrer vraiment dans des colères incroyables. Je me battais beaucoup. C'était la non-maîtrise de cette violence qui posait évidemment problème. Aujourd'hui, je ne tends toujours pas l'autre joue, je dis non et je dis non vite. Dans un monde où ce genre de pratiques n'est pas bien accepté, cela m'a fait beaucoup de tort en même temps que cela m'a permis de garder une très grande liberté. Cette violence exercée à mon égard, la façon dont j'y ai répondu, en tentant d'une part de sublimer cette violence dans la création et, de l'autre, de dire non concrètement par l'action sociale, tout cela m'a permis de trouver une certaine harmonie avec moi-même.

J'ai commencé à canaliser ma violence par le militantisme politique mais cela s'est arrêté assez brutalement quand j'ai été exclu de l'union des

jeunesses communistes par Jeannette Ver-
meersch, la femme de Maurice Thorez, parce
que je foutais trop le bordel. Elle m'a rendu un
service énorme, même si je me suis retrouvé
orphelin puisque c'était le seul endroit où l'on
pouvait combattre concrètement, dans un
groupe organisé, et se dire qu'on allait changer
le monde avec d'autres. Le cinéma m'a permis de
mener ce combat d'une façon plus large, plus
subtile, plus profonde. Avec le cinéma, on pouvait changer un peu le monde. En tout cas participer au changement.

Je suis donc arrivé en France à neuf ans. Je
ne savais pas encore lire et écrire car je n'avais
jamais été en classe. Je ne parlais pas le français.
Là, pourtant, j'ai découvert la littérature et la
peinture. Je me suis très vite rendu compte que
je ne serai ni écrivain, ni peintre. Je rêvais d'être
architecte. Vers la fin de mes études, au
moment de choisir un métier, ma mère me
disait : « Entre dans la création. » Mon père, lui,
me répétait : « Non, il faut que tu fasses Sciences
po, la fac de droit, HEC. » J'ai basculé vers le
cinéma, sans doute pour réaliser le rêve de ma
mère. C'était aussi un état de révolte contre
mon père : il était tout aussi important de faire
plaisir à ma mère que de dire merde à mon
père. Je n'ai compris que beaucoup plus tard
que c'était une façon un peu erronée de voir les
choses, mais à l'époque j'ai pris délibérément le

parti de ma mère. Je voulais devenir quelqu'un,
pouvoir traverser les frontières librement. Être
un peu au-dessus de la loi. J'aurais pu éventuellement être tenté par la diplomatie, pour avoir
un passeport, mais le reste ne m'intéressait pas.
J'étais révolté, je ne pouvais pas être dans la
norme, j'avais besoin de me trouver dans un
lieu de culture. Ça, c'est sûr.

J'ai commencé à faire du théâtre dans une
troupe d'amateurs qu'avait montée un professeur de philosophie de mon lycée, Gilbert Mury,
membre plutôt stalinien du Parti communiste.
Je me suis rapidement rendu compte que je
n'étais pas bon non plus pour le théâtre. J'étais
un acteur exécrable, mais ça me passionnait, le
milieu me passionnait. Cet homme a eu une très
grande importance pour moi. J'ai appris la politique avec lui. C'est par lui que je suis entré aux
Jeunesses communistes, très jeune, en classe de
seconde. En première et en philo, j'étais secrétaire de cellule, membre du secrétariat national
des Jeunesses communistes. J'ai beaucoup milité
contre la guerre d'Algérie. Le tout dans un
contexte particulier, puisque nous avions été
chassés de Roumanie par des communistes. Dès
qu'il entendait le mot « communiste », mon
père avait envie de sortir son fusil ; c'est eux qui
avaient cassé sa vie, anéanti ce qu'il avait bâti. Il
s'est retrouvé en France, sans rien, ayant perdu

sa mémoire, son passé, son histoire, sa fortune, ne parlant pas le français. Son fils était au Parti communiste et il ne le savait pas. Il l'a découvert par les flics, qui lui ont refusé une première fois la naturalisation à cause de moi. Ça a été un choc épouvantable.

Gilbert Mury s'occupait aussi de mon avenir professionnel. Un jour, il m'a emmené voir Louis Daquin, cinéaste du Parti communiste. Louis Daquin a joué un rôle décisif ; il m'a dit – j'en ai retrouvé la trace dans le journal que je tenais à l'époque –, après avoir essayé de me décourager : « Faites l'Idhec. Faites l'école de cinéma. » Il y avait une année de préparation au lycée Voltaire, que j'ai donc suivie. Comme il fallait aussi faire plaisir à mon père, qui y était extrêmement hostile, je me suis inscrit à la fac de droit. J'ai mené de front la fac de droit – quelques mois seulement – et la préparation à l'Idhec. Cette année-là, j'ai eu la chance d'avoir Jean-Louis Bory comme professeur de théâtre, Georges Sadoul comme professeur d'histoire du cinéma et Henri Agel, remarquable critique catholique. J'allais au cinéma plusieurs fois par jour. J'ai avalé des centaines de films.

Ceux qui m'ont d'abord attiré étaient des films à résonance sociale. Curieusement, je n'ai conservé aucune image de héros masculin. Je me souviens plutôt des femmes : Anna Magnani, Lucia Bosé, Ingrid Bergman. Je rêvais de ces

femmes-là plus que des comédiennes américaines. Encore que... Rita Hayworth. Rita Hayworth, mariée à l'Agha Khan, habitait entre
Nice et Antibes quand je suis arrivé en France.
J'y allais à vélo pour essayer de l'apercevoir. Je
ne l'ai jamais vue, mais je passais...

Je ne savais pas si j'allais être capable de devenir cinéaste mais j'en avais envie. J'étais heureux
au cinéma. La critique de films, j'aimais ça. De
la critique, j'ai eu envie de passer à la réalisation
du film. D'où la nécessité d'apprendre. J'avais
une trouille intense devant la complexité de
l'image. Donc aller à l'école pour apprendre
comment on faisait des images. Pour casser
cette trouille.

L'Étude, l'idolâtrie

Je vivais dans un milieu de juifs intégrés. Mes
parents fêtaient Kippour. De l'Étude, ils ne
savaient rien. Ils avaient plutôt envie d'oublier
qu'ils étaient juifs, d'autant que ma mère avait
été nourrie de catholicisme par les sœurs de
Sion. J'ai appris l'hébreu, j'ai fait ma bar-mitsvah,
j'étais très content d'avoir des cadeaux. Depuis,
j'adore les stylos et les montres. La bar-mitsvah
est un moment important où l'on vous explique
que vous êtes adulte.

Dans la tradition familiale, être adulte signifiant commencer à gagner sa vie, j'ai donc commencé à gagner ma vie en jouant aux courses. Grâce à cet argent, je m'achetais mes bouquins et, plus tard, j'ai pu aller au cinéma. Je ne me sentais en rien juif. Je savais que nous étions juifs parce qu'on nous le faisait savoir. La première fois que j'ai été traité de « sale juif », ce n'est pas en Roumanie. Là-bas, nous n'étions que juifs, il n'y avait donc pas à nous « traiter » de juifs, c'était acquis. Quand je suis arrivé en France, au lycée du Parc impérial de Nice, un garçon est venu me traiter de « sale juif ». Il s'appelait Goldenberg. Nous nous sommes battus assez violemment et je suis revenu à la charge avec mon cousin. C'était la première fois qu'on m'insultait ainsi. C'était en France et c'était un juif ! Mais sauf à cette occasion-là, je n'ai pas eu à me plaindre de l'antisémitisme en France.

J'ai découvert le judaïsme vers l'âge de vingt ans, après mon exclusion des Jeunesses communistes. Un ami, Gérard Weil, normalien, que mes parents avaient accueilli, m'a présenté Henri Atlan. Henri Atlan donnait des cours d'études juives, chez lui. Là, j'ai découvert la grandeur de la réflexion et de la pensée juives, que je n'ai jamais pu faire partager à mes parents ou à mes proches. La façon dont Henri Atlan menait ses cours me paraissait très proche

25

de ce que je recherchais dans le cinéma. Il prenait un texte et analysait les commentaires que les maîtres en avaient faits au cours des siècles passés. Cela entraînait un questionnement permanent, sans dogmatisme, une liberté incroyable de la pensée, le tout dans le strict respect du texte. C'était très proche pour moi du cinéma. S'y mêlaient la rigueur d'un récit et la liberté qu'on peut prendre pour mener ce récit. Cela m'a amené d'ailleurs, personnellement, à travailler sur l'improvisation, qui me semblait être une expression artistique d'un fonctionnement de la pensée.

Dans les textes, l'un des interdits majeurs est celui de l'idolâtrie. Pourquoi ? Je pense qu'il n'y a pas un interdit de la représentation en tant que telle, mais plutôt un interdit du pouvoir qu'induit cette représentation. Prenons un exemple : il n'est pas interdit de représenter un nuage. Le danger vient du pouvoir que l'on attribue à ce nuage. Dans certaines fresques, le nuage est un symbole divin. On entre alors dans quelque chose qui devient un élément de pouvoir et donc d'idolâtrie. Le danger est là.

J'ai constamment voulu créer des contre-pouvoirs, de façon à ce qu'aucun pouvoir idolâtre ne puisse s'établir, des contre-pouvoirs au quotidien. Ainsi, au sein de MK2, je remets sans cesse en question l'organisation industrielle de la société, qui doit être au service des créateurs et non l'inverse. D'une façon plus générale, tout fonctionnement social sans contre-pouvoir devient dangereux pour la démocratie. Il existe aussi des contre-pouvoirs à l'intérieur même des images. Prenons Brecht. J'étais fou de Brecht. Quand j'étais jeune, je suis allé voir toutes ses pièces mises en scène par Vilar, j'ai lu tous ses textes. Comment, au cinéma, créer cette distanciation, faire en sorte que les films soient un élément de réflexion et pas simplement un objet de fascination ? C'est là une des raisons qui m'ont empêché de faire du cinéma-spectacle, ou du cinéma de pur divertissement – que j'apprécie par ailleurs, mais dont je me méfie et auquel je ne veux pas participer. L'interdit de l'image dans le judaïsme se traduit chez moi par cette impossibilité de faire un certain type de cinéma.

J'ai toujours refusé de considérer le judaïsme comme une religion. Pour moi, le judaïsme est une culture, une façon de penser, d'étudier. Il représente aussi, concrètement, un certain mode de vie, une éthique, une morale, différents interdits qu'on intègre, des lignes jaunes qu'on accepte de ne pas franchir : ne pas dénoncer, ne pas mentir, ne pas voler. Ce sont les trois choses que mon père m'a apprises et dont j'ai compris l'importance beaucoup plus tard ; elles lui avaient été transmises par son père qui lui-même les tenait de son père. On ne ment pas, on ne vole pas, on ne dénonce pas. Voilà ce que j'ai essayé de transmettre à mes enfants.

Mais l'étude des textes m'a aussi appris à manier la contestation. Pour parler comme Rav Gronstein, le maître qui s'occupe de l'école talmudique que j'ai fondée voici quelques années, il n'y a pas – dans les textes – de terre sacrée, il n'y a pas de ville sacrée, il n'y a pas de texte sacré. Cette idée du non-sacré se traduit par une remise en cause permanente, dans un contexte très précis, celui du respect des autres, de l'altérité, de lois et de règles. Je me conteste moi-même et conteste par là même un certain nombre de façons de penser, de façons d'agir en disant : « Non. On peut faire autrement. » Je dérange alors terriblement. Or j'applique ce précepte en permanence dans ma vie quotidienne, quand je lis un scénario ou quand je travaille sur des questions d'architecture dans le XIIIe arrondissement, où les salles sortent de terre. Le seul moment où je m'en suis affranchi – et je pense que j'ai été particulièrement sot – c'est lorsque j'ai fait de la politique en tant que militant. Militant. Là, j'ai totalement cru à une vérité divine. Que ce soit aux Jeunesses communistes ou plus tard, en 1970, à l'époque de la Gauche prolétarienne, j'ai été fasciné par une parole idolâtre qui a mené à tous les excès, à tous les sectarismes possibles. C'était le moment où on donnait des leçons, où on pensait détenir des vérités. J'avais oublié que, fondamentalement, j'étais un homme d'autre chose et en particulier l'homme du judaïsme et de la dialectique. Et pas du tout de la religion, là où le militantisme politique ressemble à la religion... C'est pour cela que je hais la religion. Elle est l'acceptation de l'idolâtrie, de la pensée unique, de toutes les aberrations. Et que la religion soit humaniste ou extrémiste, finalement, le socle dogmatique est le même. Je refuse d'accoler le mot « religion » au judaïsme. Pour moi, c'est une façon de penser qui n'est intéressante que dans la mesure où elle s'articule à une pratique sociale sans laquelle elle peut devenir vraiment dangereuse.

Le marxisme me convenait et je me retrouve aujourd'hui encore dans sa dialectique, dans l'évolution des contraires ou des rapports de force. Dans l'idée de lutte et dans l'idée de classes. Considérer qu'il y a des contraires, qu'ils s'opposent pour tendre vers une transformation de la société, oui, ça me va toujours.

J'ai conscience que ce n'est pas avec un film qu'on changera le monde. S'il peut amener un débat, une discussion, ce n'est déjà pas si mal. Mais l'audiovisuel, dans son ensemble, est sans doute l'un des leviers politiques les plus puissants du monde. Tous les régimes totalitaires, celui d'Hitler, de Mussolini, de Staline ou de

Ceauşescu, ont accordé une importance énorme à l'image et au son. Leurs dirigeants en avaient compris la force pour imposer leurs idées. On appelait ça la propagande.

De Gaulle avait, lui aussi, parfaitement compris le rôle de la radio pendant la guerre et, plus tard, celui de la télévision. Il a inventé la conférence de presse moderne. Dans les pays démocratiques, le cinéma puis la télévision ont joué un rôle décisif pour combattre les idées totalitaires. Les Américains également ont parfaitement intégré l'importance idéologique des images et des sons. Ce n'est pas un film qui change le monde, mais un ensemble de films, la diffusion d'un ensemble d'idées notamment par la maîtrise des moyens de diffusion, qui permet d'avoir un vrai rôle politique et social. Je finirai là-dessus.

2

SAUVE QUI PEUT (LA VIE)

Je ne voulais pas être producteur. Je voulais être réalisateur. Je voulais créer, raconter des histoires, mettre en scène. Mais quel type d'histoires ? Quelle mise en scène ? Avec quels moyens ?

Je l'ai dit, il fallait d'abord apprendre. Cette notion d'apprentissage est essentielle pour moi. Je continue, je veux continuer à apprendre et à désapprendre. Ces deux notions sont intimement liées : on ne peut pas désapprendre ce que l'on n'a pas appris. Quand des jeunes gens viennent me demander : « Comment fait-on du cinéma ? Comment est-ce que vous avez fait du cinéma ? », j'ai beaucoup de mal à leur faire comprendre que l'apprentissage a un début mais qu'il n'a pas de fin.

Curieusement, le cinéma est un métier que

les gens considèrent comme très facile : en apparence, n'importe qui peut prétendre devenir producteur ou metteur en scène. On sait que pour être médecin, avocat ou architecte, il faut étudier de nombreuses années. Les métiers artistiques comme la peinture ou la sculpture s'apprennent aussi. Les métiers techniques liés au son et à l'image exigent des diplômes. Au cinéma, on ne reconnaît pas la nécessité absolue d'un apprentissage. C'est, pour moi, une marque de mépris. Un regard, un œil, une pensée se cultivent et se remettent en cause.

Il faut apprendre à lire, à écouter, à regarder. Dans cet ordre. Lire est incontournable. Connaître ce qui a été écrit. L'écrit est porteur d'idées, d'histoire. Un film, c'est d'abord un scénario. Même si, comme Godard, on veut détruire le scénario, il faut commencer par en posséder un. Sans culture, on raconte moins bien des histoires. On les croit nouvelles alors qu'elles ne le sont pas : certains reproduisent la réalité, d'autres l'enrichissent, peu la transforment en créant.

Écouter. De la même façon que l'oral précède l'écrit, la parole, selon moi, précède le regard. De l'écrit et de l'oral naît l'image. Et cette image peut servir à illustrer ou à créer.

J'ai commencé par rater le concours d'entrée de l'Idhec alors que j'étais un excellent élève en

classe préparatoire. Que faire ? Pour la première fois, l'école organisait un concours d'opérateur au mois de septembre. Il fallait que
j'entre à l'Idhec par n'importe quel moyen. J'ai
bachoté tout l'été sur les matières que j'ai toujours détestées, les mathématiques et la phy-
sique, et j'ai passé le concours. Il y avait quatre
places pour cent cinquante candidats. J'y étais.

C'est là que j'ai vraiment appris mon métier.
En étant opérateur, j'ai acquis une plus grande
liberté pour imaginer la mise en scène qui, elle,
ne s'apprend pas. On apprend en revanche
comment faire une photo, mettre en place une
caméra, manier la pellicule, entretenir le matériel, ce qu'est un objectif, le développement
d'un film, l'étalonnage, les nouvelles techniques. La fonction de l'opérateur est forcément proche du montage. La grosseur du plan
se conçoit dans une continuité, dans une écriture. Avec la mise en place de la lumière et le
cadrage, l'opérateur se trouve dans une position
très similaire à celle du metteur en scène.
Nombre de metteurs en scène s'appuient sur
leurs opérateurs pour concevoir leurs films ou
leur langage cinématographique. Ce métier, y
compris à travers des stages dans des labora-
toires, m'a donné des bases techniques qui me
sont encore très utiles.

Ce premier échec au concours d'entrée de
l'Idhec m'a appris que le métier dans lequel je

m'engageais serait parsemé d'embûches ; la difficulté consiste à contourner l'échec, à le dépasser. Ce métier ressemble beaucoup au sport de haut niveau : on n'est pas tout le temps champion. Un jour on gagne et le lendemain on perd. La réussite passe par le travail, l'entraînement et la remise en cause permanente de ses propres connaissances.

Le gardien du temple du clap

Avant d'entrer à l'Idhec, il me semblait déjà qu'*Un condamné à mort s'est échappé*, de Robert Bresson, était sacrément mieux que les films de Claude Autant-Lara ou de Jean Delanoy. Mais c'est *Voyage en Italie*, de Roberto Rossellini, que j'ai vu au moment de sa sortie parisienne en 1954, qui m'a fait découvrir la notion de cinéma moderne.

Celui-ci repose sur plusieurs éléments. D'abord le déroulement de l'histoire ou de l'intrigue. Rossellini a supprimé l'intrigue. *Voyage en Italie* montre un couple, Ingrid Bergman et Georges Sanders, qui part en Italie en voiture. Au cours de ce voyage, ils se rendent compte qu'ils ne se parlent plus depuis vingt ans. Un couple qui se perd et se retrouve. Ce n'était rien et c'était tout parce que d'une justesse incroyable et d'une simplicité de mise en scène éblouissante. Le système classique consiste à alterner plan général, plan américain, plan rapproché et gros plan. Rossellini, lui, possédait une écriture d'une liberté totale, un rythme très différent grâce aux plans séquence. Le montage à la Eisenstein n'était plus de mise.

Logiquement quand on est étudiant, on apprend le cinéma académique, tourné en studio avec des acteurs professionnels. Tout aussi logiquement, si l'on est un tant soit peu éveillé, on se demande ce que l'on va faire de tout cela. Étant opérateur, je n'avais cependant pas renoncé à devenir metteur en scène. J'étais très content d'apprendre comment, avec des angles de prise de vue en carton, on pouvait faire une mise en scène classique, mais je cherchais en même temps comment faire autrement. Je ne voyais pas.

J'ai débuté comme stagiaire chez Yannick Bellon. Par son intermédiaire, j'ai rencontré des gens du même clan, si l'on peut dire : Pierre Kast, et leur producteur Marcel Degliame, un des grands héros de la Résistance, ancien ouvrier, responsable CGT des métallos, avant guerre. Une masse extraordinaire. Extraordinairement sympathique. Aimant les femmes, la boisson, la bouffe. Après la guerre, il avait dirigé le théâtre du Vieux-Colombier. Puis il l'avait laissé tomber pour devenir producteur de courts métrages parce que ça l'amusait. Pierre

Kast m'avait embauché comme second assistant réalisateur sur un court métrage. Sa fascination pour les jolies filles m'a valu une promotion dans l'ordre de chevalier de l'assistanat. En effet, Kast avait demandé qu'on lui trouve des figurants et, si possible, des jolies filles qui devaient se balader dans le square du Vert-Galant. J'avais connu à l'Idhec deux filles très belles : Macha Méryl, qui, à l'époque, s'appelait Macha Gagarine, et Seda Djamalian, une Caucasienne aux yeux bleus, devenue écrivain. Dans le square, je vois Pierre Kast se pétrifier comme une statue de sel. Je me retourne : mes deux copines arrivaient. Elles me voient et viennent m'embrasser. Pierre Kast, qui, jusque-là, me traitait un peu de haut, nous invite à prendre un verre, mes amies et moi, à La Bûcherie, juste en face. J'étais devenu le mec capable de trouver des filles magnifiques. Il était admiratif. Lui qui entretenait des rapports plutôt intellectuels avec les femmes adorait les jolies filles. Du coup, je suis passé premier assistant de Pierre Kast, mais après *Le Dialogue des carmélites*.

Sur ce film, j'avais été engagé comme conseiller spirituel du révérend père Bruckberger, coréalisateur avec Philippe Agostini. Le producteur s'appelait Jules Borkon. C'était un immigré roumain qui avait changé son nom. Quand il était arrivé en France, on lui avait dit : « Tu ne peux pas continuer à t'appeler Borcu. » Il avait

opté pour Borkon ! Il tirait l'essentiel de ses ressources de l'organisation des tournées des
Folies-Bergère et de spectacles de danseuses
nues. Il avait ses bureaux aux Champs-Élysées,
couverts d'affiches des Folies-Bergère. Nous
cherchions des carmélites au milieu des danseuses nues. C'est là que j'ai rencontré Margot
Capelier, une figure du cinéma français, la première à faire du casting un métier. À l'époque,
elle était régisseur général, mariée à un décora-
teur qui faisait le double de sa hauteur. Un
grand, grand type charmant. Elle, toute petite
juive, avec l'accent yiddish, une nature absolument incroyable, des cheveux hirsutes, un dyna-
misme, une énergie inouïs. Bien des années
plus tard, quand je suis devenu producteur,
c'est elle qui a fait le casting des *Trois couleurs*
de Kieslowski. Entre-temps, elle m'a aidé à trouver du travail, m'a protégé et je ne suis pas le
seul dans ce métier à lui devoir énormément.

Le père Bruckberger m'avait engagé par des
amis de mes parents, familiers de Bernanos et
de Bresson. C'est la seule fois où une relation
familiale m'a aidé. Le producteur avait
demandé à Bruckberger de travailler un peu sur
le texte de Bernanos pour l'adapter, mais il ne
faisait pas grand-chose. J'étais censé travailler
avec lui... En fait, je réécrivais les dialogues de
Bernanos, ce qui était carrément loufoque.
J'étais le nègre de Bruckberger !

Le film commence. En plus de ma fonction épuisante de second assistant, le révérend père Bruckberger m'avait chargé d'une mission impossible : la garde du clap, l'instrument qui indique le début du plan et le numéro de la prise. Le clap revêtait une très grande importance pour Bruckberger car son contrat stipulait un ordre de préséance au générique. Sur le clap, les noms des réalisateurs devaient être inscrits de la façon suivante : « R.P. Bruckberger et P. Agostini ». Il tenait beaucoup à cette marque quasi juridique de son implication dans la mise en scène : en réalité c'est Agostini qui faisait le film. Agostini, chef opérateur très connu, était venu avec ses équipes de machinos et d'électros. Les machinos chargés du clap, voyant que le révérend père ne venait pas sur le plateau, hormis pour les rushes à cinq heures de l'après-midi, légèrement bourré, refont un clap « Agostini-Bruckberger ». Je ne sais pas si Agostini était ou non derrière cela. Évidemment, je l'ai remarqué : j'étais le gardien du temple du clap. Mais je ne pouvais rien dire car j'aurais eu toute l'équipe sur le dos. J'étais mort de trouille et me disais : « Pourvu qu'il ne le voie pas. » Et, un jour, bien sûr, il le voit. Il demande immédiatement ma tête à Jules Borkon. Il fait un scandale monstre, lettre recommandée. Et là, je suis sauvé par un mouvement collectif, une menace de grève venant de qui ? des carmélites, qui disent : « Ah non, vous ne touchez pas à Marin. Si vous touchez à Marin, nous, on ne descend plus sur le plateau. »

Le casting était étourdissant : Jeanne Moreau, Pascale Audret, Alida Valli, Madeleine Renaud, Jean-Louis Barrault, Pierre Brasseur. Le producteur, ne pouvant pas me renvoyer, décide que je serai uniquement chargé de m'occuper des comédiennes. J'ai terminé ce film, que j'avais commencé mourant sous la tâche, en passant mes journées dans les loges, à apporter du thé et à le boire avec les comédiennes. Le premier assistant me disait : « Pouvez-vous demander à Madame Alida Valli ou à Madame Jeanne Moreau de venir sur le plateau ? »

Quand Pierre Kast m'a nommé premier assistant sur un film de commande, *Merci Natercia*, je n'en avais pas la compétence. J'ai été lamentable et l'équipe du film – de vieux cégétistes très professionnels – s'est chargée de le faire savoir. Je me suis retrouvé au chômage alors que j'étais le plus jeune premier assistant de France. Une ascension aussi rapide que la chute qui a suivi. Précédé de ma réputation, pas usurpée, de mauvais assistant, je ne trouvais plus de travail. J'étais prêt à tout pour rester dans ce métier. Je me suis retrouvé stagiaire sur le film de Jean Dewever, *Les Honneurs de la guerre*. Il avait des yeux bridés, une coiffure à la Tintin, il était très agité, autoritaire. Jean-Charles Tacchella, auteur du scénario, le suivait pas à pas. Très rapidement, Jean Dewever a compris que je pouvais faire mieux que stagiaire, et je me suis retrouvé de fait premier assistant ex aequo avec l'assistant allemand, Peter Fleischmann. Et cette fois, j'ai été bon sur un film très difficile.

Le souffle de Godard

Mon désapprentissage a commencé avec Agnès Varda, dont j'étais l'assistant sur *Cléo de cinq à sept*. Le producteur, Georges de Beauregard, avait déjà produit *À bout de souffle*, de Godard, et *Lola*, de Jacques Demy. Il avait un principe simple – les copains de mes copains sont mes copains – et ne venait jamais sur le tournage.

Dans *Cléo*, il y a un petit sketch burlesque, muet, où Godard joue un clown, un Pierrot lunaire. J'ai croisé Godard à cette occasion et suis devenu son assistant sur *Les Sept Péchés capitaux*. Il est le premier, je crois, à avoir obtenu un contrat pour être l'un des réalisateurs des *Sept Péchés capitaux*. Restaient six autres réalisateurs à trouver. Le contrat de Godard stipulait que ce choix ne pouvait se faire sans son accord. Il avait, peu à peu, amené tous ses copains, dont

Jacques Demy et Claude Chabrol. Il n'a pas réussi à imposer Agnès Varda.

Pour tourner *Les Sept Péchés capitaux*, nous disposions de gros moyens et d'une star de l'époque, Eddie Constantine. Godard m'avait demandé de mettre en place un plan séquence d'une voiture allant d'une terrasse de Saint-Germain-des-Prés, côté Deux Magots jusqu'à l'intérieur d'un appartement de la rue Pierre-Charron. C'était... *La Paresse.* Une star drague une jeune fille. Il lui fait du gringue pendant le trajet en voiture, l'emmène dans son appartement et, au moment de passer à l'acte, dit : « Ben non, c'est trop fatigant de se déshabiller et de se rhabiller. » Je commence par essayer de mettre ce plan en place, ce qui était possible, bien que très complexe : voiture travelling, grue sur voiture travelling, deux cents flics pour protéger tout ça, parcours balisé. J'explique à Godard toutes les difficultés qui pouvaient se résoudre avec de l'argent, et nous en avions. Il répond : « Non. C'est beaucoup trop compliqué. On oublie tout ça. Apportez-moi une voiture décapotable devant les studios de Billancourt. Eddie Constantine va sortir des studios, la fille va l'attendre devant, on se met dans la bagnole et on y va. Trouvez-moi un appartement. » J'avais trouvé l'appartement de Marc Allégret, du côté de l'Étoile. Et là, deux choses déclenchent tout à coup mon angoisse. Premier stress :

pour filmer dans la voiture, où allions-nous poser la caméra ? La méthode habituelle consistait à mettre une carcasse de voiture sur une voiture travelling. La caméra, placée sur la voiture travelling, permettait de filmer les acteurs de face, tantôt l'un, tantôt l'autre ou les deux ensemble. Godard refuse : « Hors de question. Je ne veux pas de voiture travelling. D'abord parce que c'est plus haut. » Il avait raison. Je suggère : « Mais on peut aussi se hisser... On a des systèmes pour se hisser sur le capot. » Il répond : « Non. Pas sur le capot. Je ne vais pas me mettre sur le capot. J'ai peur. Il va y avoir un accident. On ne peut pas tourner comme ça. » Alors qu'allions-nous faire ? C'était une décapotable à deux places. « On se met derrière. » Il a filmé de dos. Pour passer d'un plan à l'autre, il filmait les arbres ou le sol : parfaitement logique puisque la fille regardait les arbres et le mec le sol. Godard m'a simplement expliqué : « Il est paresseux, il ne regarde pas loin. La fille, elle rêve, donc elle regarde les arbres. » Il a entrecoupé ses plans de dos par des plans d'arbres ou des plans de sol. Son parti pris était tout à fait cohérent par rapport aux personnages, mais il constituait une forme, un mode d'écriture totalement révolutionnaire. Personne n'avait jamais osé filmer une star de dos pendant dix minutes. On avait opté pour cette logique par la contrainte, par l'évidence : Comment faire simple ?

Second stress : on avait prévu un arrêt à une pompe à essence où le type, toujours dans sa paresse, appelait le pompiste et lui demandait de lui nouer son lacet défait. C'était trop fatigant de le faire lui-même. Il lui donnait ensuite une pièce pour qu'il aille chercher un sandwich. Je rapporte des sandwichs baguette jambon-beurre. Et je me fais engueuler par Jean-Luc de façon incroyable.

« Mais tu ne comprends pas !

— Pourquoi ? Qu'est-ce qu'il se passe ? C'est un sandwich !

— Réfléchissez, nous lance-t-il.

— C'est pas jambon-beurre ?

— Si, si. C'est jambon-beurre. Réfléchissez. »

Il gueulait. Vraiment.

— Mais qu'est-ce qu'on tourne comme film ? On tourne un film qui s'appelle *La Paresse*. Alors qu'est-ce qu'il peut manger, un paresseux ?

— Un sandwich au pain de mie. C'est ça ?

— Exact. Allez me chercher un sandwich au pain de mie. »

Ça m'a marqué. Le sandwich au pain de mie. « Réfléchissez »... J'ai entendu Jean-Luc le répéter à ses techniciens, me le dire aussi à moi plus tard, quand je suis devenu son producteur. Il passait son temps à insulter les gens, de façon parfois violente : « Mais qu'est-ce que vous m'apportez ? », ce qui signifiait « Qu'est-ce que vous apportez au film ? »

Cette question-là – ce qu'un technicien apporte à un film – j'essaye toujours de m'en servir en la posant aux techniciens et à moi-même. Qu'est-ce que j'apporte au film ?

Produire pour réaliser

Passer de l'assistanat à la réalisation n'a pas été une étape très difficile. Ma première réalisation fut un documentaire de commande, *Les Idoles*, sur le Golf Drouot, les yé-yé, Johnny Hallyday, les gamins de banlieue qui rêvaient de faire de la musique. J'ai commencé aussi à rédiger des scénarios. J'ai écrit une adaptation d'*Aurélien* et obtenu d'Aragon qu'il m'en cède les droits. Ce livre me faisait totalement rêver. J'avais vingt-deux ans. Je suppose que je devais me prendre pour Aurélien. En tout cas, je prenais Jeanne Moreau pour Bérénice. Je lui avais proposé de jouer dans ce film, elle avait accepté.

J'ai rencontré Aragon grâce à Vercors, qui était un ami de ma mère. Un contentieux terrible et mystérieux existait entre Vercors et Aragon. Ils ne s'étaient pas revus depuis des années. Pour moi, Vercors a accepté d'inviter Aragon et Elsa Triolet à dîner chez lui. Aragon était un mythe, même si, à l'époque, il n'était plus connu des jeunes. Je lui explique que j'étais fou d'*Aurélien*. Aragon est très flatté qu'un garçon de mon âge s'intéresse à lui. Je lui demande les droits, il accepte et confirme la cession par écrit. Hélas, je n'ai jamais pu trouver l'argent pour réaliser ce projet.

Afin de pouvoir réaliser mes propres films, je suis devenu producteur de courts métrages pour d'autres. Mon père m'a prêté une pièce dans ses bureaux où j'ai installé ma société de production et je lui ai fait un emprunt avec une traite à trois mois. Le premier film que j'ai produit était *Un jour à Paris*, de Serge Korber, que Pierre Braunberger avait refusé bien que ses courts métrages précédents aient bien marché. J'ai financé entièrement ce film avec Jean-Louis Trintignant, dont personne ne voulait. Et ça a été une affaire fabuleuse. Le film a obtenu tous les labels de qualité, je l'ai vendu partout. Voilà ma première réussite.

Bien des années plus tard, on est venu me proposer *Trois hommes et un couffin*. Le scénario m'a rappelé *Un jour à Paris*. Je me suis dit que je ne voulais pas refaire deux fois la même chose et j'ai refusé *Trois hommes et un couffin* ! Sur le nombre de scénarios qu'on m'a proposés, j'ai plutôt gagné beaucoup d'argent en ne faisant *pas* un certain nombre de films. Je suis millionnaire, vraiment millionnaire grâce aux économies que j'ai faites en refusant des films. Dans ce cas précis, ç'aurait été différent !

Très vite, j'ai développé ma boîte de production, ce qui m'a permis d'apprendre le métier de producteur. À la même période, un des associés de mon père me propose un film de commande. Leur laboratoire de produits pharmaceutiques avait sorti un médicament censé guérir ou soigner l'alcoolisme, et ils voulaient faire un film sur le sujet. Je commence par mener une enquête très poussée dans les services d'alcoologie. Je vois des choses absolument abominables aux quatre coins de la France, dont il me paraissait impossible de faire un documentaire. Je pense à Marguerite Duras. J'aimais beaucoup ses livres et je connaissais son penchant pour l'alcool. Mon copain Degliame tenait à l'époque un bar à Saint-Germain, à côté des éditions de Minuit. Je lui ai demandé s'il connaissait Marguerite Duras et s'il pouvait me présenter. La rencontre a eu lieu dans ce bar. Sa voix : une adéquation unique entre un timbre dégraissé, mat, un débit monotone, une scansion imprévue. Elle disait de façon précise, nette, concise, sans jamais se reprendre, des choses imprécises. Elle a accepté d'écrire le premier jet d'un scénario qui allait devenir mon premier court métrage avec des acteurs, *Nuit noire, Calcutta*. Elle s'en est beaucoup inspirée pour ses propres films et en a tiré un livre, *Le Vice-Consul*. Elle était sur le tournage tous les jours. Elle me regardait travailler, ce qui lui a donné la pratique d'un certain cinéma. J'ai tenté de mettre en application tout ce que j'avais en tête sur la construction du récit, les rapports avec les acteurs, l'image, le passage du réalisme à l'abstraction et à la métaphysique. Le film se déroule en sept jours et sept nuits. C'est l'histoire d'un homme qui essaie d'écrire un livre et n'y arrive pas. Il est confronté à une certaine réalité qu'il s'applique à décrire et à transformer. Quand il voit une femme brune, il écrit : « Elle est blonde. » Le film se termine sur un constat de tragique impuissance ; l'homme ne peut qu'écrire : « Quoi dire ? Quoi faire ? »

Le texte de Marguerite Duras m'était intimement proche.

Comme acteurs, il y avait Maurice Garrel et deux comédiennes merveilleuses, Natacha Pari, la femme de Peter Brook, et Nicole Liss. Mon assistant était le fils de Dominique Aury, et mes opérateurs Willy Kurant et William Lubchanski.

Je montre le film à l'entourage de l'équipe : Pierre Gallimard, le mari de Nicole Liss, Peter Brook, Dominique Aury et Jean Paulhan pour ne citer qu'eux. Tous ces gens me félicitent chaudement. Je planais. Je me prenais pour un petit génie. Je savais que j'étais peut-être assez doué, mais là, j'avais la reconnaissance de gens particulièrement importants. Le film est sélectionné au festival de Tours, qui était l'équivalent, à l'époque, du festival de Cannes pour les courts métrages. Un lieu où sont allés tous les metteurs en scène qui ont commencé par le court métrage (Resnais, Polanski...). Le film passe le samedi soir. Meilleur jour. Meilleure heure. Précédé d'une réputation fantastique. La projection commence. J'étais avec Maurice Garrel. Duras n'était pas venue. Au bout de cinq minutes, sifflements dans la salle. Sifflements pendant toute la projection. À la fin, un projecteur s'allume sur notre gueule, on doit se lever et on se fait huer. Deux projections étaient prévues. Seconde projection, idem. Je sors de là totalement démoli. Je rasais les murs. Je n'osais même plus sortir dans la rue. Le lendemain, dans la presse, des critiques épouvantables. J'étais blessé, détruit. De retour à Paris, je me suis enfermé pendant six mois dans l'appartement de la fille avec qui je vivais, je ne voulais plus voir personne, je ne voulais plus rien faire du tout. J'avais cependant gagné l'amitié et le soutien indéfectible de Jean Paulhan et de Dominique Aury dont l'influence était énorme. Ce n'était pas rien.

Cette leçon, c'est *la* leçon de ce métier. On ressent tous, à un moment ou à un autre, le besoin d'être considéré et on prend la grosse tête. Se faire rebattre un peu les oreilles est quasi inévitable et absolument nécessaire pour affronter les réussites comme les échecs en gardant les pieds sur terre : on ne survit pas si l'on s'identifie totalement à ses succès ou à ses échecs.

À Cannes, plus tard, j'ai connu des périodes de succès incroyables. Puis arrivaient les échecs mais j'étais préparé à recommencer à zéro. Recommencer à zéro. J'ai vu mon père le faire. Il a recommencé, lui, peu après son arrivée en France, comme ferrailleur. Cet homme, incapable d'élever la voix, d'une susceptibilité maladive, s'est retrouvé dans le métier le plus dur qui soit, ferrailleur à Issy-les-Moulineaux. Il souffrait, je le voyais. Tout ça pour recommencer à vivre.

Tout cela n'était que... comédie

En juin 1964, au musée des Arts décoratifs, à six heures du soir, j'ai vu trois comédiens – Delphine Seyrig, Éléonore Hirt et Michael Lonsdale – réciter pendant vingt minutes un texte de Samuel Beckett mis en scène par Jean-Marie Serreau. Je suis tombé amoureux du texte et j'ai voulu absolument en faire un film. Je suis allé voir Jérôme Lindon, qui s'est montré très surpris de ma démarche. Il m'a réservé un accueil dont un jeune homme se souvient toute sa vie. Il m'a présenté Beckett que je suis arrivé à convaincre de mettre en scène *Comédie* avec les mêmes acteurs. J'avais vingt-six ans et c'était la rencontre la plus importante de ma vie.

Comédie posait les questions qui me préoccupaient : comment parler en se taisant ? Comment exprimer des émotions dans le silence ? Est-ce possible ? Peut-on tendre à cela ? Peut-on même essayer ? Jusqu'où peut-on aller ? Comment redonner du poids à la parole ? Beckett, comme tous les grands artistes, a anticipé la disparition rapide de la parole, du poids des mots. On utilise de moins en moins de mots, ils ont de moins en moins de sens, leur capacité d'être les bistouris du quotidien ou les détonateurs de la réalité se perd, bien que l'on parle de plus en plus. On le voit à travers la télévision, la politique. En disant cela, je participe aussi à la banalité du commentaire.

Comment redonner du sens à la parole ? Tel était le sujet de *Comédie*. Un rayon issu du ventre de la terre éclaire trois personnages placés dans des jarres, dont on ne voit que le visage. Les trois visages se ressemblent. Chaque fois que le rayon se pose sur un visage, celui-ci s'anime et parle. La parole est induite par ce rayon. Il est d'abord très vif et très rapide, puis graduellement il ralentit, s'épuise. Simultanément, cette parole très rapide – ce qui la rend incompréhensible mais audible – ralentit et devient inaudible mais compréhensible. C'est un rapport entre le compréhensible, l'audible, le visible. L'histoire est très simple : une histoire de cul qui se répète deux fois et demie. Un homme, deux femmes – sa femme et sa maîtresse – avec des problèmes de jalousie, d'avenir, de quotidien. Peut-on encore dire des choses sur un écran noir, où il n'y a plus d'image ? L'image s'efface. Le son faiblit. Il ne reste rien. Est-ce que quelque chose subsiste dans ce rien ? Cette tentative d'aller vers le vide, de remplir le vide est évidemment un projet absurde. Giacometti l'a assez admirablement fait. Beckett également.

À l'époque, nous buvions beaucoup. Vraiment beaucoup. Beckett avait inventé un jeu. Il fallait retrouver le moment où nous étions sortis du ventre de notre mère et notre premier cri. Ce qu'il cherchait, c'est le silence qui précède le cri. Le cri s'inscrivait dans le silence et vice versa. Nous nous retrouvions tous les jours, vers une heure, à La Closerie des lilas, pour nous raconter où nous en étions. Il était plus doué que moi. En tout cas, il avait plus d'imagination que moi. Toutefois, par moment, l'alcool aidant, on arrivait à toucher du doigt cet instant-là. C'était une histoire de fous. Deux mecs buvant du whisky irlandais en train de se parler, avec des plages de silence incroyable... On passait des heures à se taire, cherchant où nous en étions de la sortie du ventre de notre mère en sirotant notre Glenn. C'était aussi l'histoire de l'origine du monde que nous cherchions. Il y avait une espèce d'abstraction assez mystérieuse dans nos relations. J'ai retrouvé ces moments-là par la suite avec Kieslowski et maintenant avec Kiarostami. C'est la même qualité de silence. On se comprend à demi-mot.

Pendant le tournage, dans un petit studio de la rue Mouffetard, Beckett était présent du matin au soir, discret, silencieux. Il venait tous les jours voir les rushes, assis au premier rang car il disait qu'il voyait mal.

Avant le tournage, les voix étaient enregistrées séparément. Beckett était là aussi. Tous les silences entre les mots ont été coupés, puis le texte a été accéléré sans que le son devienne aigu, grâce à un procédé mis au point par Pierre Schaeffer et le service de recherche de l'ORTF. La musique électronique d'aujourd'hui utilise le même type d'appareils. Beckett était également présent au montage. Ce qui apparaît comme un plan fixe de vingt minutes est en fait composé d'environ deux cents plans.

Il n'a rien dit jusqu'à la fin. Mais pour l'avant-première, il m'a donné une liste des amis qu'il souhaitait inviter numérotés par ordre d'importance. Premiers ex aequo : Geer et Bram Van Velde.

Ce film a connu une première existence assez brève : il a fait l'ouverture de la Mostra de Venise où il a provoqué un scandale épouvantable. Les gens se battaient dans la salle. Ensuite, j'ai loué pendant deux semaines une salle à Paris, La Pagode, pour y projeter des courts métrages : *Film*, d'Alan Schneider, d'après un scénario de Beckett, avec Buster Keaton, *Comédie*, et un court métrage de Chris Marker, *Le Mystère Kouniko*. Puis on a oublié *Comédie*. Le film ne pouvait être ni doublé, ni sous-titré, ni montré en vidéo, en tous cas à l'époque car l'image devenait toute grise. C'est seulement grâce au numérique qu'on peut le voir autrement qu'en 35 mm.

Trente-cinq ans plus tard, deux amies galeristes, Catherine Thieck et Caroline Bourgeois, discutant d'une exposition des vidéos de Beckett à San Francisco, se disaient qu'il était « l'inventeur de l'art vidéo ». Précédemment, j'avais assisté à un déjeuner où Werner Spies, qui dirigeait alors le centre Pompidou, expliquait la même chose, dans les mêmes termes. Je signale alors timidement à mes amies que j'avais réalisé un film avec Beckett qui n'était même pas mentionné dans la monumentale biographie rédigée par Deirdre Bair.

Elles décident alors d'elles-mêmes d'organiser une projection à MK2 car je ne voulais plus m'en occuper. Elles invitent le ban et l'arrière-ban de ceux qui comptent dans le domaine de l'art et quelques artistes, dont Christian Boltanski, qui était en train d'organiser, au musée d'Art moderne de Paris, l'exposition *Voilà*. Il y avait la directrice du musée d'Art moderne, Suzanne Paget, des critiques du monde entier, des gens de chez Christie's, la critique d'art de *Libération*, Élisabeth Lebovici. J'étais un peu ému. Ils sont sortis emballés, en particulier Christian Boltanski dont l'avis m'importait particulièrement. Trois jours plus tard, Suzanne Paget m'appelle pour me dire que Christian Boltanski souhaite que mon film soit exposé au musée d'Art moderne. Le film est parti au musée dans un contexte qui me plaisait beaucoup, Boltanski et Bertrand Lavier, des artistes importants à mes yeux, étant les commissaires de cette exposition. Là, le film est vu par l'un des plus importants marchands d'art contemporain anglais, Anthony Reynolds, qui décide de l'exposer dans sa galerie, six mois plus tard, à Londres. Au vernissage, je vois arriver tous les artistes les plus connus présents à Londres à ce moment-là. Ils viennent me féliciter comme artiste alors qu'habituellement c'est moi qui les félicite comme collectionneur. Passe aussi Harald Szeemann, commissaire de la biennale de Venise. Il souhaite y montrer l'œuvre et me propose de choisir moi-même l'endroit sur les plans. Mon film se retrouve ainsi à Venise, vers l'extrémité de l'Arsenal. Le lieu était inondé, ce qui a posé quelques problèmes d'aménagement. J'avais produit une installation vidéo d'Abbas Kiarostami, également exposée non loin. Je me trouvais là à la fois en tant qu'auteur et que producteur. Après avoir été, cinéaste, hué à la Mostra, j'obtenais une mention trente-cinq ans plus tard à la biennale comme artiste plasticien avec un autre Français, Pierre Huyghes. Vraiment incroyable ! J'étais vraiment très, très, très ému. J'avais oublié que j'avais été metteur en scène. Devoir y repenser de cette façon, c'était magnifique.

J'étais heureux aussi pour Beckett. *Comédie* n'était plus un film, mais ce que cela devait être, une œuvre d'art s'inscrivant dans la poésie, l'abstraction, l'art, l'émotion, le silence, tout ce qui contestait la nature même du cinéma.

Présenter un écran noir, ça n'a, *a priori*, pas de sens. J'ai pensé pendant très longtemps que c'était impossible. Je me suis trompé. Parce que quelqu'un l'a fait, dont je suis le producteur. C'est Abbas Kiarostami, qui n'a vu *Comédie* qu'à la biennale de Venise en 2001.

Abbas Kiarostami a commencé à travailler sur cet écran noir dans *Le vent nous emportera*. Durant une séquence où une jeune fille trait une vache, dans le noir, on entend la voix d'un homme récitant un texte d'une grande poétesse iranienne, Forough Farokhzad. La scène est d'un érotisme absolument incroyable ; on peut tout imaginer entre cette fille qui trait la vache et cet homme qui lui parle. Dans *ABC Africa*, du même réalisateur, il y a aussi une séquence dans le noir, parfaitement logique puisqu'il tourne en Ouganda, où l'électricité est coupée tous les soirs. On entend l'équipe se parler dans le noir.

« Est-ce que tu as pris une lampe ?

— Ah oui ! On a oublié que la lumière s'éteignait à huit heures !

— Est-ce que tu as des allumettes ?

— Ben non.

— Attention à la marche ! Te casse pas la gueule.

— Tu crois que c'est ma chambre ? »

Un orage éclate dans le noir. C'est la première fois qu'un orage est crédible au cinéma. Sans doute parce qu'il est précédé de ce noir. Dans *Ten*, il y a aussi une longue séquence tournée quasiment dans le noir. Kiarostami, à l'autre bout du monde, quarante ans plus tard, est en train d'essayer de chercher, de trouver et de dire : « C'est possible », alors que je pensais que c'était une utopie.

Rossellini avait probablement le même genre de préoccupations. J'ai assisté à une conférence qu'il a donnée à la Cinémathèque en novembre 1957. De quoi a-t-il parlé ? Du temps qu'il mettait entre Rome et Paris au volant de sa Ferrari, de la cuisson des pâtes et de recettes de cuisine. Mais il a aussi dit qu'il lui paraissait étrange de constater que les gens qui ont fait le cinéma n'ont pas été admis dans le monde du cinéma. Il pensait à Chaplin, à Erich von Stroheim et à Griffith.

L'attirance vers l'abstraction, ce besoin d'aller vers le noir, le vide ou le silence rend fou. Ce n'est pas surhumain, c'est inhumain. Pour rendre cela supportable, il faut constamment passer par le corps et le quotidien. Par exemple, j'ai envie actuellement d'arrêter de faire du cinéma et d'étudier toute la journée. Dans la tradition juive, ceux qui étudient observent un certain nombre de rites quotidiens. C'est une façon de ne pas devenir fou. Maintenir le contact avec la vie constitue ma façon à moi de rester dans la réalité. Participer à tous les plaisirs de la vie. Le silence ou le vide en tant que tels, c'est aussi la mort. Le silence n'est intéressant que s'il est lié à la vie, à tout ce que l'homme crée dans tous les domaines : les fringues, la bouffe, le vin, les bagnoles, les montres, l'art, les femmes évidemment, le rapport avec l'autre. Si tout cela n'existait plus, je serais sans doute dans le silence de la mort.

Cependant le silence peut être lié à la parole. Être attaché à la parole signifie donner du poids aux mots, à ses engagements, à sa pensée, à son œuvre. Enrichir les mots. Mais les mots ne peuvent s'enrichir que par le silence. Le silence le plus important est le silence intérieur. Comment le silence peut-il être du langage ? Dans *Comédie*, l'idée était d'arriver à un écran noir qui transmette des émotions et à un silence qui soit en même temps parole.

J'étais totalement transporté, fasciné, admiratif, amoureux de Beckett. J'ai rompu parce que sa présence m'écrasait. Mon ambition était d'essayer de créer par moi-même. Je ne pouvais pas le faire à l'ombre de cette présence. Elle était trop imposante. Je savais que mes mots étaient trop légers. Soit je me contentais du rien, je ne faisais plus rien et j'écoutais ces mots-là, soit je me cassais. Je me suis cassé. Brutalement. Je ne pouvais pas faire autrement. Je suis parti, mais marqué à vie par cette histoire-là, par cette présence, par ce film. J'étais mûr pour passer au long métrage.

3

EN MAI, FAIS CE QU'IL TE PLAÎT

J'ai vu dans ma jeunesse une exposition collective qui s'appelait *Les Peintres témoins de leur temps*. Ce titre m'intriguait. En 1996, au centre Pompidou, une autre exposition s'intitulait *Face à l'histoire*. En 1997, le musée d'Art moderne de la Ville de Paris a présenté *Années 30 en Europe, le temps menaçant*.

Peut-on être un artiste hors de l'histoire et comment peut-on être artiste dans l'histoire ? Un artiste est-il témoin de son temps ? Pendant de nombreuses années, j'ai cru qu'un artiste pouvait, et même devait, être le témoin direct de son temps. Persuadé du pouvoir de l'artiste ou de l'intellectuel dans la société, je me disais qu'il fallait mettre ce pouvoir au service des luttes, être partie prenante du combat politique, de la révolution, donner la parole à ceux qui ne l'ont pas. C'était, disons, le mot d'ordre d'après 1968. Je pense maintenant que c'était une fausse piste.

Témoin de son temps

L'exposition du musée d'Art moderne de la Ville de Paris rassemblait tous les peintres – français, allemands, italiens et autres – de cette décennie surdéterminée par l'histoire, de la crise de 1929 au Front populaire, de la guerre d'Espagne à la montée du nazisme. L'exposition s'ouvrait sur l'homme sans visage du *Pressentiment complexe* de Malevitch. Il y avait d'évidence deux catégories d'artistes : ceux qui illustraient cette carapace noire qui s'abattait sur le monde, et ceux qui poursuivaient leur œuvre créatrice en y intégrant le contexte politique sans pour autant l'illustrer – Matisse, Picasso, Gonzalez. Matisse continuait à travailler sur ses couleurs. Simplement, quelque chose, au cœur de son œuvre, était bouleversé. De la même façon, si par *Guernica* Picasso parle de ce qui l'a profondément meurtri ou blessé et nous fait appréhender à travers lui l'horreur de la guerre, *Guernica* est avant tout un Picasso. La série d'œuvres contemporaines de *Guernica* qui étaient exposées s'inscrit totalement dans l'évolution de l'art de Picasso. On la différencie aisément du portrait qu'il a réalisé pour *Les Lettres françaises* au moment de la mort de Staline. Ce portrait de Staline, ouvrage de commande, n'avait rien à voir avec les admirables portraits qu'il a exécutés tout au long de sa vie.

Être témoin de son temps pour un artiste, c'est se situer *avant* son temps, dans la prémonition. Godard en donne un exemple avec *La Chinoise*, Fritz Lang avec les films qu'il a réalisés en Allemagne, ou Rossellini avec *Allemagne, année zéro*. Disons, pour éviter le mot « commentateur », que ce sont des recréateurs de l'histoire.

L'artiste peut recréer l'histoire, mais en se situant à l'intérieur même de l'Histoire. En ce sens, *La vie est belle* de Benigni est un film exécrable car, au bout du compte, c'est une œuvre révisionniste : Benigni réécrit l'histoire, tout simplement. Un des fondements du nazisme consistait à éradiquer la transmission chez les juifs, notamment en séparant les enfants de leurs parents à l'arrivée dans les camps. Ils avaient parfaitement compris le « danger » du judaïsme : la mémoire et la transmission de cette mémoire. Que fait Benigni ? Il montre un enfant qui reste avec son père dans un camp de concentration. C'est du jamais vu. Ça n'a pas existé. Cela annihile l'un des éléments principaux de la violence nazie.

Les films que j'ai produits ou distribués s'ancrent quasiment tous dans une réalité historique et géographique. Ce choix m'a amené, d'ailleurs, à produire des films dans le monde entier, non pas en fonction de la mondialisation ou d'une pensée unique de type américain, pour plaire au marché mondial, mais en essayant de rechercher des cinéastes profondément inscrits dans la réalité de leur pays, pouvant, à partir de cette réalité, devenir universels. Kieslowski, Kiarostami, Angelopoulos, Taviani, Ruy Guerra, Chabrol, pour n'en citer que quelques-uns, sont de ceux-là.

Sept jours ailleurs

En 1966-1967, j'ai tourné mon premier long métrage, *Sept jours ailleurs*. Rétrospectivement, je pense que ce film annonce Mai 68. Le héros, un musicien interprété par Jacques Higelin, rentre chez lui, dans les grands immeubles qui ont poussé non loin de la gare Montparnasse, après une escapade de sept jours. Il retrouve sa vie quotidienne : femme, enfant, télévision, objets accumulés. Il ne supporte plus cette vie. Il prend un fusil et tire sur tous les objets qui l'entourent, tous ces symboles de la société de consommation. Dans ce climat de désespoir individuel, de recherche, de repli sur soi, il finit par tirer vers le soleil.

Le film a été tourné en noir et blanc et en

partie improvisé. À l'époque, hormis Jacques Rivette et Cassavetes dès 1960 dans *Shadows*, l'improvisation était très peu utilisée au cinéma. Aujourd'hui, je retrouve avec un immense plaisir les mêmes préoccupations chez Kiarostami.

En 1968, le film n'était pas tout à fait terminé mais son destin s'est trouvé bouleversé. Cette année-là, il était sélectionné pour le festival de Venise, que les cinéastes avaient décidé de boycotter. J'ai reçu la visite à Venise du secrétaire général du Snesup, Didier Motchane, qui m'a demandé de retirer mon film.

Pour Pasolini, l'appel au boycott a consisté à se poster à l'entrée de la salle, les bras grands ouverts en criant : « Ne rentrez pas ! Ne rentrez pas ! » Évidemment, tous les gens se précipitaient dans la salle. Quant à moi, je suis allé voir le directeur de la Mostra pour lui dire que je retirais mon film, ce qui, à l'époque, me paraissait parfaitement cohérent. Luigi Chiarini m'a dit : « C'est idiot parce que vous allez avoir le prix spécial du jury. Si vous retirez votre film, évidemment, vous ne l'aurez pas. De surcroît, comme je trouve votre attitude inacceptable, je vous renvoie de Venise et vous allez être obligé de payer votre hôtel. Alors, réfléchissez. » J'ai persisté et lui aussi : il m'a viré sans un sou pour payer l'hôtel. Je savais que je brisais ma carrière de réalisateur et me privais de la possibilité de rembourser mes dettes. C'est le peintre Robert Lapoujade qui a eu le prix pour *Le Socrate*.

En 1969, le film n'était toujours pas sorti. Claude Lelouch, qui venait d'ouvrir sa société, décide de le distribuer, mais ne trouve pas de salles. Le film est sélectionné au festival d'Hyères où il est primé sous les insultes des gauchistes l'accusant de ne pas parler directement de Mai 68. Et pour cause : il avait été tourné avant. *Sept jours ailleurs* est finalement sorti dans le circuit Publicis à Paris la dernière semaine d'août, à l'époque une très mauvaise période. Claude Mauriac, critique alors influent, considéra le film comme l'un des plus importants de l'année avec ceux d'Antonioni, de Bresson, de Buñuel. Les autres critiques n'ont pas eu le temps de se manifester : le film a été retiré de l'affiche au bout d'une semaine.

En tant que producteur et distributeur, j'essaie de ne jamais reproduire ce qui m'est arrivé : prendre un film, ne pas le sortir, faire attendre un réalisateur pendant des mois. C'est totalement destructeur et cela m'a d'ailleurs détruit : échec total et dettes m'ont replongé dans l'alcoolisme et ont avivé ma haine à l'égard du système d'exploitation des salles de cinéma.

Camarades

Mai 68 a été pour moi un électrochoc. J'étais déjà réalisateur, j'avais l'avenir devant moi. J'ai balayé tout ça au nom d'une cause, d'une idée de la vie, d'une histoire collective. J'avais trente ans mais j'ai vécu ces événements comme si j'en avais eu dix de moins.

Que faire après 68 ? Continuer dans la ligne de *Sept jours ailleurs* – la fiction – ne m'intéressait plus. J'ai décidé de prolonger Mai 68 en réalisant des films puisque c'était ce que je savais faire, mais au service des « luttes populaires », comme on disait à l'époque.

J'ai réalisé *Camarades* et *Coup pour coup* dans cet esprit.

1968 avait déclenché toute une série d'actions qui se sont poursuivies jusqu'au programme commun de la gauche, signé le 27 juin 1972. On a vu fleurir des comités d'action de lutte remettant en cause toutes les institutions : la prison, la justice, l'armée, l'hôpital psychiatrique, les syndicats ; représentant toutes les minorités : les femmes, les homosexuels, les immigrés. Nous nous battions pour le Chili, le Portugal, Lip, le Larzac... Le rôle de la Gauche prolétarienne, que j'avais rejointe, était d'activer ces mouvements. Nous savions faire parler d'eux, les mettre en scène de façon à les populariser. Certains mots d'ordre étaient repris par les partis politiques classiques et par les écologistes.

Je me souviens de Sartre dans une estafette Renault, à plat ventre sous les sacs, pour entrer dans l'île Seguin. Sartre découvrait la classe ouvrière. Il avait – comment dire ? – un rapport enfantin avec les ouvriers. Je me rappelle une scène extraordinaire. Nous étions tous plus ou moins dans la clandestinité, plus ou moins planqués. J'étais chargé d'organiser une rencontre entre Sartre et trois ouvriers immigrés qui menaient une grève très dure dans les environs de Paris. Le rendez-vous était fixé chez une amie de Sartre, à Montparnasse. Les trois ouvriers, d'un certain âge, parlant mal le français, étaient très intimidés. Sartre les fait asseoir sur les chaises de ce salon bourgeois et s'assied lui-même par terre. Il n'était déjà plus très jeune et j'entendais craquer les os de ses genoux. Il était accroupi par terre et les types étaient assis sur des chaises, très gênés, essayant de lui expliquer, dans un français approximatif, les raisons de la grève, leurs conditions de travail, les difficultés de la vie quotidienne. Et lui dans cette position de gamin dont les os craquaient...

Mais quel rôle pouvais-je jouer ? Comment parler de cette réalité, comment donner la parole à ces gens ?

Camarades, tourné grâce à deux jeunes Bretons, Yann Gicquel et Jean-Pierre Mellec, rencontrés en 1968 alors qu'ils dirigeaient la grève de Citroën à Nanterre, était une première réponse. Inspiré au départ d'un livre de Pavese,

Le Camarade, le film dépeint finalement la prise de conscience de ces ouvriers, travaillant sur les chantiers de Saint-Nazaire, montant à Paris, arrivant chez Renault et découvrant les luttes syndicales et la conscience politique. Il se termine sur un drapeau rouge et *L'Internationale*.

Le film a fait le tour des festivals : Cannes, Berlin, Locarno, New York. Je n'en étais pourtant pas satisfait, j'ai mis un moment à comprendre pourquoi : malgré le tournage en 16 mm, l'interprétation par des ouvriers intervenant dans l'élaboration du scénario, le faible coût du film, j'étais resté extérieur à l'histoire. Je n'avais pas su ou pas pu montrer les choses du point de vue des ouvriers.

Je faisais aussi des photos pour l'agence de presse Libération qui a vu le jour en juin 1971. Je m'étais imposé de réaliser une bonne photo sur un rouleau de trente-six. Une bonne photo est une photo qui rend compte des contradictions, une photo différente de celle du photographe de *France Soir*. J'avais un mal fou à résoudre ce problème, identique à celui que me posait mon rôle de metteur en scène.

La liberté du pauvre

Je conservais l'envie de mettre en scène cette réalité, de l'écrire, de raconter une histoire. Ce fut *Coup pour coup,* une histoire écrite à l'origine par un ouvrier de la RATP, qu'Olivier Rolin mentionne dans son roman *Tigre en papier.* J'ai enrichi cette histoire par des enquêtes et un travail de terrain comme photographe couvrant un certain nombre de grèves de femmes à travers la France. Sur place, un travail passionnant. Je tournais les scènes d'abord en vidéo. Puis je les montrais aux ouvrières qui jouaient dans le film, venues de toute la France. En fonction de leurs critiques, je rectifiais et je mettais ensuite en scène en 16 mm. Là, je me suis vraiment placé du point de vue des ouvrières.

Ce film, personne ne voulait le produire. Je ne pouvais pas à la fois attaquer la société et lui demander de me financer. Avec *Camarades* j'avais été, je crois, l'un des premiers à tourner une fiction en 16 mm, ce qui en réduisait considérablement le coût. Les équipes étaient extrêmement légères. Sur *Coup pour coup,* j'étais en même temps réalisateur et opérateur. Pendant que le chef opérateur s'occupait des lumières, je m'occupais du cadre. Quand il avait terminé les lumières, il reprenait le cadre et moi je faisais le point en mettant en scène. Autre obstacle : on ne trouvait pas d'usine textile. Pas un seul patron, en 1972, ne voulait prêter une usine à des groupes de gauchistes pour tourner un film révolutionnaire. J'ai fini par trouver une usine textile désaffectée à Évreux. Nous avons reconstruit nous-mêmes les ateliers. Avec l'aide des ouvrières-actrices, les machines ont été réparées, les chaînes reconstituées. À la fin, des pantalons en sortaient.

Ce film a eu à l'époque un retentissement médiatique considérable. Il est sorti dans un circuit commercial de quatre salles à Paris, mais en province aucun distributeur ne le proposait aux exploitants. *Le Monde des spectacles* lui a consacré une page entière et de nombreux autres critiques ont suivi : François Nourrissier, Claude Mauriac, Jean-Louis Bory, Didier Decoin, Christian Zimmer, François Maurin et même Raymond Aron prenaient parti, pour ou contre. Wolinski et Reiser, dans *Charlie Hebdo,* ont illustré le film pendant plusieurs semaines.

Dès la sortie de *Coup pour coup,* les réactions patronales et syndicales ont été des plus vives, toutes relayées par la presse. Je me suis occupé pendant plusieurs mois de la promotion parallèle du film grâce à des groupes militants dans toute la France. Sur le terrain, ville par ville, quand une grève était en train de s'effriter, on la faisait repartir. Concrètement, je n'avais pas accès aux réseaux nationaux qui étaient en train de se regrouper en circuits et exerçaient de fait une censure. Les projections avaient donc lieu dans des salles de réunions et non dans des salles de cinéma.

Le débat s'est ravivé quand, quelques mois

plus tard, Jean-Luc Godard a présenté *Tout va bien*, avec Jane Fonda et Yves Montand. Le sujet était volontairement le même que *Coup pour coup*, mais avec un point de vue complètement différent : celui de l'auteur, du réalisateur face aux luttes ouvrières. Ces deux films apportaient des réponses radicalement opposées à la question de l'artiste témoin de son temps.

La sortie du film de Godard a valu une mésaventure comique à Boris Gourévitch, dont j'ai eu connaissance beaucoup plus tard. Boris était une figure du cinéma, qui avait pour particularité de posséder à la fois des salles pornos et des salles d'art et d'essai. Comme Godard avait déjà la réputation d'être propalestinien, Boris a eu des problèmes avec ses coreligionnaires. Menacé d'être mis au ban de la communauté juive s'il sortait le film mais tenu par sa promesse de le sortir, il a appelé Daniel Goldman, président de la société de distribution américaine UIP et figure morale de la communauté juive, pour lui demander son avis. Goldman lui confirme son désaccord : sa participation à la sortie de ce film serait vécue comme une trahison. Boris insiste et cherche une solution. Goldman lui suggère alors de faire un don. Ils se mettent d'accord sur la somme, puis Boris ajoute : « Pas de problème ! Dix pour cent tout de suite et le reste si le film fait plus de cent mille entrées ! »

Je reste viscéralement attaché à ce cinéma de pauvre, à ce cinéma d'idées, à ce cinéma qui contourne les difficultés par l'imagination, où la contrainte devient positive. En tant que producteur, je me pose toujours la question de savoir comment transformer l'absence d'argent en liberté.

On ne peut pas en même temps être libre dans le contenu et la mise en scène et dépendre de chaînes de télévision, de Canal+, de l'État, qui n'ont absolument pas les mêmes intérêts que vous. La remise en cause de cet ordre des choses passe par un besoin de liberté que les autres n'ont pas envie de vous accorder. Il y a un moment où il faut choisir et je constate qu'un certain nombre de réalisateurs n'y arrivent pas. J'ai souvent le sentiment qu'il leur manque l'histoire politique que j'ai vécue et je ne sais pas par quoi elle peut être remplacée.

La prise de la Bastille

Après *Coup pour coup*, j'ai essayé de faire d'autres films. Pas de sujet. Pas d'argent. Pas de soutien. Je ne pouvais pas retourner au cinéma d'avant 1968 et, en tentant de continuer dans la même voie, je m'apercevais qu'avec la signature du programme commun de la gauche en 1972 les luttes étaient en train de changer. Tous les projets que j'élaborais échouaient.

71

Ma dernière tentative, quelques années plus tard, a été l'écriture d'un scénario racontant l'histoire de trois femmes juives : ma grand-mère, ma mère et moi, dont j'avais fait un personnage féminin. Je n'ai pas réussi à monter ce film ; j'ai renoncé définitivement à la mise en scène vers 1981.

Je ne parvenais pas à faire de films comme metteur en scène, mais d'autres en faisaient et pourtant leurs films ne sortaient pas. Pour continuer à donner la parole à ceux qui ne l'avaient pas, il fallait disposer d'une salle indépendante qui soit un lieu de contre-culture. En ouvrant le 14-Juillet Bastille, le 1er mai 1974, je ne connaissais rien à l'exploitation. Je ne savais pas ce qu'était une caisse, un spectateur et à peine une cabine de projection. J'ai appris sur le tas. J'ai ajouté une « carte » à celles que j'avais déjà : assistant, opérateur, réalisateur, producteur.

À chaque fois que j'ouvre une salle, je suis surpris. Peut-être est-ce à cause de mes propres échecs : je pense qu'il n'y aura personne. Qui a donné l'idée de venir aux premiers spectateurs ? Mystère, mais pour moi, c'est un ravissement.

J'étais exploitant et producteur mais je ne pouvais pas produire. Le système de financement du cinéma était politiquement verrouillé et l'est resté jusqu'à 1981. À l'époque, comment finançait-on un film ? Par l'avance sur recettes et les réseaux des salles. Il y avait quatre réseaux de salles importants qui jouaient le rôle qu'ont actuellement TF1 et Canal+, en avançant de l'argent. Sans avance et sans le soutien des salles, on ne pouvait pas produire.

J'ai renforcé mes salles en distribuant les films des autres. Les œuvres qui m'intéressaient et auxquelles j'avais accès en tant que distributeur étaient des films de réalisateurs étrangers, souvent interdits d'écran dans leur propre pays, notamment en Amérique latine. Curieusement, c'est grâce à ces films que j'ai fait la fortune de MK2. Leur succès est le point de départ de MK2. Chaque sortie était une aventure particulière. Leur diversité illustrait et prolongeait les luttes menées entre 1968 et 1974 en France et à l'étranger.

Le 14-Juillet Bastille a ouvert avec *Le Courage du peuple*, de Sanjines, qui raconte l'histoire du peuple bolivien et des massacres qu'il a subis. J'ai commandé à onze peintres des œuvres reproductibles par héliogravure, comme les plans d'architecte, qui ont été exposées dans le hall et vendues dix francs pièce.

Puis l'intitulé de l'hommage à la résistance révolutionnaire chilienne a donné lieu à une longue discussion. Je proposais *Le peuple en lutte crée, le fascisme tue*, et les Chiliens, militants et artistes en exil, parfois communistes : *Le peuple crée, le fascisme tue*. Que le fascisme tue est une évidence, que le peuple crée l'est moins. Mais le peuple en lutte crée, ne serait-ce que les formes d'expression et les idées qui sous-tendent la lutte. J'ai eu gain de cause de façon assez peu démocratique puisque j'ai refusé d'organiser cet hommage si la notion de lutte n'apparaissait pas.

Le Syndicat de la magistrature et le mouvement Action judiciaire se sont saisis de la sortie d'*Attica*, de Cinda Firestone, documentaire sur la révolte des prisonniers de la prison d'Attica, aux États-Unis en 1971, pour prolonger leur action concernant l'état des prisons françaises. Le Syndicat de la magistrature a directement pris en charge la diffusion du film en province.

Autre sujet d'actualité : l'antipsychiatrie et la psychanalyse. Ronald Laing est venu présenter *Fous de vivre*, Maud Mannoni *Vivre à Bonneuil*, et Marco Bellochio *Fous à délier*, autour du travail de l'antipsychiatre Franco Basaglia en Italie. Tous ont participé aux discussions très animées qui avaient lieu après les projections. J'ai noué ainsi une solide amitié avec Franco Basaglia jusqu'à sa mort, et la diffusion du film de Bellochio m'a amené à produire *Le Saut dans le vide*. « Une autre façon d'aller au cinéma » est devenu plus tard le symbole de la marque MK2, mais cette idée était en marche depuis le début.

En 1975, je n'en avais pas fini avec *Coup pour coup*. Les distributeurs portugais m'ont invité à présenter le film à Lisbonne le jour de la tentative de reprise du pouvoir par les militaires de Spinola. Au grand hôtel de Lisbonne, des journalistes du monde entier couvraient l'événement, dont une équipe de télévision allemande, Serge July pour *Libération*, René Backman pour *Le Nouvel Observateur*. J'avais vu ce qui se passait dans les environs de Lisbonne et proposé à ces journalistes de m'y accompagner. C'est ainsi que j'ai coproduit avec la télévision allemande *Viva Portugal*.

Jean-Luc Godard était, lui aussi, partie prenante dans le débat politique. J'ai distribué *Ici et ailleurs*, film franchement propalestinien. Au 14-Juillet Bastille, des groupes de jeunes juifs extrémistes de droite sont venus tout casser, après avoir enfermé les spectateurs dans la salle de projection enfumée par des gaz de l'armée israélienne et où des souris avaient été lâchées. Le juge d'instruction a classé l'affaire.

Les hold-up et les alertes à la bombe étaient, disons, fréquents. Je devenais un capitaliste au sens marxiste du terme, mais le contenu des films que je distribuais restait lié à la remise en cause de ce capitalisme. François Maspero, avec qui je m'étais associé pour ouvrir une librairie au sous-sol du Bastille, avait fait faillite juste avant l'ouverture. Je me suis donc retrouvé libraire avec des clients qui mettaient en application « la propriété, c'est le vol » : ils se servaient ! J'ai préféré fermer la librairie plutôt que porter plainte ou faire arrêter des gens. J'ai dû licencier deux étudiants travaillant à mi-temps, ce qui a donné lieu à un meeting à la Mutualité et à une occupation des salles aux cris de : « Karmitz, salaud, patron, salaud, le peuple aura ta peau ! » La librairie a été incendiée par des groupes autonomes qui ont également mis à sac la cabine de projection et les bobines à coups de barre de fer. Pas facile d'être gestionnaire de films révolutionnaires !

Petit à petit, l'atmosphère politique a changé et les films aussi. L'expression passait à nouveau par la fiction. Pour maintenir vivant un certain cinéma, pour réunir et faire exister les metteurs en scène qui représentaient ce cinéma, j'ai mélangé l'ancien et le nouveau, l'étranger et le national, la fiction et les documentaires, comme dans une maison d'édition : Mizoguchi et Wenders, Satyajit Ray et Marguerite Duras, Kurosawa et Benoît Jacquot. J'ai participé également à la production du premier long métrage de Jean-Charles Tacchella, *Voyage en grande Tartarie*.

Le cinéma allemand était en plein essor. Les premiers films de Wim Wenders – *Alice dans les villes, Faux mouvement, Au fil du temps* – sont sortis en France grâce à Jacques Robert. J'ai repris ces films, sorti les suivants, produits par Film Verlag, société de production collective allemande regroupant Wim Wenders, Volker Schlöndorff, Reinhard Hauff, Rainer Werner Fassbinder, entre autres.

MK2

Considérant l'exploitation comme un soutien à la diffusion, et la diffusion comme un garant de l'indépendance du contenu des films, j'ai continué à ouvrir des salles, sans la moindre subvention : le 14-Juillet Parnasse en 1976, le 14-Juillet Racine en 1978, revendu pour acheter le 14-Juillet Odéon au moment du dépôt de bilan de Parafrance en 1983, le 14-Juillet Beaugrenelle en 1979, le 14-Juillet Hautefeuille en 1993. Vingt ans plus tard, en 1996, en ouvrant le MK2 quai de Seine, j'ai réalisé un rêve : ouvrir des salles à un emplacement exceptionnel, le long du canal de la Villette, déserté par la culture et en particulier par le cinéma, toutes les salles de quartier ayant fermé. La place Stalingrad était un haut lieu de la drogue où il était dangereux de sortir le soir. Peut-on changer la vie en créant un lieu de vie ? La réponse est oui, si j'en juge par ce que disent les habitants du quartier et d'ailleurs.

J'ai renoncé à l'appellation 14-Juillet pour les salles, à laquelle je tenais beaucoup, pour tout regrouper sous la marque MK2, qui désignait la production et la distribution. Cependant, ces salles sont dans la continuité absolue du 14-Juillet Bastille. J'ai toujours essayé de m'installer en ville, dans un quartier déserté par la culture – c'était le cas, à l'époque, de la Bastille –, de penser l'architecture des salles différemment en y associant des artistes, des designers, des décorateurs, d'en faire des lieux de vie, d'associer le cinéma aux autres domaines de la création, qu'il s'agisse du livre, de la photo, de la vidéo et maintenant du DVD, de repenser l'accueil et même la confiserie.

L'échelle n'est plus la même mais je n'ai pas changé : en 1974, je suis parti de zéro spectateur. Actuellement, les salles MK2 reçoivent trois millions et demi de spectateurs par an. En 1974, on ne voyait des films en version originale que dans deux salles à Paris : une au Quartier latin et une aux Champs-Élysées. Actuellement, quinze à dix-huit copies en VO, dont sept dans les salles MK2, sortent en même temps à Paris.

Il peut paraître paradoxal de créer un circuit durant la période où les recettes en salles n'ont plus couvert que 10 à 20 % du budget d'un film. Dans les années 1975, la rentabilité se faisait à 90 % grâce aux recettes en salles. La multiplication des chaînes de télévision, grandes consommatrices de films, a renversé la tendance et fait chuter les entrées de façon spectaculaire et inquiétante. On a assisté à une politique de sorties de films simultanées dans quarante salles à Paris pour une rentabilisation plus rapide, accélérant la rotation de la programmation au détriment de la durée de vie des films. Tous les circuits ont été contraints de trouver des solutions pour rendre à nouveau le cinéma attractif. MK2 a ouvert des cinémas de proximité dans des quartiers improbables de la capitale, comme le xixe et le xxe. Les grands groupes ont construit des multiplexes intra-muros et hors des villes. Le résultat est là : la fréquentation des salles est passée de 116 millions de spectateurs en 1992 à 185 millions en 2001.

La création du circuit 14-Juillet associé à MK2 distribution a représenté, en son temps, le passage de la marginalité à la marge. Être marginal signifie être en dehors du circuit, ignorer même qu'il y a un centre. Être en marge est tout à fait différent. Cela implique de reconnaître l'existence du centre, d'en comprendre le fonctionnement économique, la psychologie, la brutalité. J'ai toujours reconnu l'existence du centre, ne serait-ce que pour le contester. Le cinéma de création ne peut exister que contre l'ordre des choses, en marge des systèmes. Toutefois, ce métier d'artisan est obligatoirement en relation avec le centre car son coût est élevé. Privées d'un centre dynamique, les marges meurent aussi. Mais plus le centre est dynamique, moins il respecte les marges, préférant les absorber, ce qui, loin de le renforcer, l'affaiblit à long terme.

Quand *Padre Padrone*, des frères Taviani, a eu la Palme d'or à Cannes en 1977, je me suis heurté de plein fouet au centre. J'avais eu accès à ce film grâce à Simon Mizrahi, attaché de presse des plus grands metteurs en scène italiens, et à Jacques Robert, cinéphile passionné. La RAI, télévision d'État italienne, l'avait relégué dans ses caves et avait accepté, non sans réticences, de me le confier et d'en assurer le gonflage en 35 mm. Le jury de Cannes, présidé cette année-là par Roberto Rossellini, a préféré *Padre Padrone* à *Une journée particulière* d'Ettore Scola. C'est par la distribution que j'ai pu ensuite produire plusieurs films des Taviani.

Je ne tenais pas à distribuer le film moi-même dans toute la France, et pas seulement parce que je n'en avais pas les moyens. Je souhaitais être une « tête chercheuse » pour un grand distributeur. Après avoir examiné différentes propositions, j'ai fini par traiter avec Gaumont, espérant ainsi pouvoir passer un accord à plus long terme consistant à autofinancer un fond commun qui devait permettre de réinvestir de l'argent dans d'autres films que j'aurais choisis. L'accord n'ayant jamais été signé, on peut parler de défection plus que de rupture.

À cette époque, la programmation des salles et la distribution devenaient de plus en plus difficiles. Je n'avais accès ni aux films pour les passer dans mes salles, ni aux salles des grands groupes pour y passer mes propres films. Tous les exploitants et distributeurs indépendants souffraient ou disparaissaient en silence. Entre 1980 et 1981, j'avais perdu 30 % de mon chiffre d'affaires. Si la gauche n'était pas arrivée au pouvoir en 1981 et si Jack Lang n'avait pas eu la volonté de sauver les films et non les salles en dissolvant le groupement d'intérêt économique (GIE) Gaumont-Pathé (maintenant reconstitué), les négociations que j'avais entreprises pour vendre mon circuit auraient certainement abouti.

Aujourd'hui, MK2 est le troisième circuit de salles à Paris. Je fais partie de ce « club » que j'ai tant combattu. Je lutte aux côtés de Gaumont, d'UGC et de Pathé pour tenter de sauver l'indépendance et le pluralisme du cinéma français et européen, et pour la survie des producteurs et des distributeurs. Car la puissance industrielle et financière s'est déplacée vers les grands groupes multinationaux appuyés sur les chaînes de télévision.

4

RIEN NE VA PLUS

J'ai véritablement commencé à produire en 1979, grâce à deux projets refusés par tout le monde : *Sauve qui peut (la vie)*, de Jean-Luc Godard, et *Le Saut dans le vide*, de Marco Bellochio.

Jean-Luc Godard, alors émigré à Grenoble, avait, grâce à la vidéo, renouvelé l'écriture cinématographique dans l'indifférence générale. Alain Sarde, son producteur, voulait bien s'engager mais pas seul. Le tournage, avec deux prestigieux opérateurs, William Lubtchanski et Renato Berta, à tour de rôle chef opérateur et cameraman, fut difficile. La caméra commandée à Grenoble n'arrivait pas. Le passage en 35 mm des éléments d'écriture et des trucages expérimentés en vidéo s'avérait impossible. Impossible, Jean-Luc l'était plus encore, accusant et culpabilisant tout le monde de sa propre impuissance. Seule Isabelle Huppert a su être épargnée.

Dès la fin du tournage, Jean-Luc a disparu à Los Angeles chez Coppola, laissant le montage en plan. J'ai pris conseil et lui ai téléphoné en fixant simplement un rendez-vous précis, à une date et dans un lieu totalement arbitraire. Il était au rendez-vous, quelques jours plus tard, à minuit, sous l'horloge de la gare Saint-Lazare. Il s'est remis au travail.

Le film est allé à Cannes comme prévu. Les gens sifflaient, hurlaient, applaudissaient. L'accueil de la presse a été exécrable, d'une violence incroyable. J'ai alors pris la décision de sortir le film en septembre, en proposant à Jean-Luc de dire qu'il avait tenu compte des critiques et repris le montage. Pendant tout le mois d'août, j'ai emmené des journalistes importants qui avaient démoli le film au laboratoire LTC, où le film était en double bande, en disant qu'il avait changé beaucoup de choses. J'ai fait des projections privées avec peu de monde et quelques personnalités. Au moment de la sortie, la même critique a été enthousiaste : aucune image n'avait bougé. Le film a mieux marché qu'*À bout de souffle*.

La même année, j'ai produit et présenté à Cannes *Le Saut dans le vide*, de Marco Bellochio, avec le producteur italien Silvio Clementelli qui, seul, n'arrivait à trouver ni le financement ni les acteurs. J'ai eu l'idée du couple Michel Piccoli-Anouk Aimée que je n'ai pas eu trop de mal à convaincre.

Deux versions du film existaient : la française et l'italienne, doublées par les acteurs eux-mêmes en français et par d'autres comédiens en italien car les metteurs en scène italiens n'utilisaient jamais le son direct à l'époque. Anouk Aimée et Michel Piccoli ont eu les deux prix d'interprétation à Cannes pour la version doublée en italien. Du jamais vu.

« Truquez, jeune homme, truquez ! »

« Tu n'es pas un bon producteur. » Signé Jean-Luc Godard. Il m'a lancé ça durant la préparation de *Passion*. Le film s'est fait, mais sans moi. Sur le moment, je me suis dit : « Je n'y arrive pas. Je n'arrive pas à maîtriser la situation. Je n'arrive pas à maîtriser les rapports avec Jean-Luc, il est préférable que je me retire de cette affaire. » À deux semaines du début du tournage, je lui ai annoncé que j'arrêtais. Nous étions tous les deux en larmes. Arrêter un film de Godard après le succès de *Sauve qui peut (la vie)* était suicidaire, d'autant que, financièrement, le film n'était pas difficile à monter. Je me justifiais en me disant : « Je ne veux pas travailler comme ça. Il m'emmerde. Je ne vais jamais tenir jusqu'au bout dans ce contexte. » Jean-Luc Godard avait raison : je n'étais pas (encore) un bon producteur.

Ma première approche de la production vient de mon expérience de réalisateur sans producteur, puisque j'ai produit moi-même les courts métrages et les trois longs métrages que j'ai réalisés. Je me parlais à moi-même. Quand j'hésitais sur un problème, je n'avais pas d'interlocuteur. Or, j'aime bien prendre conseil et je suis les conseils qu'on me donne.

Cette solitude m'est apparue totalement négative car j'étais obligé de croire seul à mon projet pour le financer, puis pour gérer le film. En même temps, j'étais obligé de me concentrer sur la mise en scène. Producteur et réalisateur sont deux métiers assez contradictoires. Pendant le tournage, j'étais pris entre l'envie de tourner certaines choses et le manque de moyens. Je me castrais à longueur de journée. Je n'imaginais pas d'autre solution que de renoncer. Une fois le film terminé, j'étais contraint d'en assurer la commercialisation. Lorsque j'étais réalisateur, j'assumais toutes les tâches de production. Quand il n'y a qu'une seule personne pour deux places, ce n'est plus de la dialectique, c'est de la schizophrénie.

Des gens m'ont aidé en me donnant un peu

d'argent par ci par là, mais je n'ai trouvé personne avec qui discuter. Par exemple, une fois le film terminé, on montre le premier montage. Les amis approuvent : « C'est bien », parce que ce sont des amis. D'autres font un peu la moue en disant : « Oui, c'est peut-être un peu long », mais ce ne sont pas des professionnels. C'est au producteur de dire : « Il faudrait couper là, inverser telle chose, reprendre à tel endroit », en proposant des solutions concrètes. Lorsque le réalisateur a terminé, il est tellement collé sur la table de montage qu'il lui est difficile de juger de la qualité et des défauts du résultat final. Quand j'ai fait mon deuil de la réalisation, deuil d'abord provisoire devenu définitif plus tard, je me suis efforcé d'incarner cette personne que je n'avais pas trouvée et qui m'avait manqué.

Les compétences sont arrivées au fur et à mesure. J'avais acquis une connaissance technique de l'ensemble du métier suffisante pour devenir réalisateur. C'est un formidable gain de temps. Un pouvoir. La compétence économique s'acquiert sur le terrain. Qu'est-ce qu'une traite, un bilan ou un budget ? Comment accède-t-on au Centre national de la cinématographie ?

À l'époque où j'ai réalisé *Sept jours ailleurs,* le financement commençait avec l'avance sur recettes, puis venaient les crédits. Le budget initial du film était d'un million de francs. En

1967, j'ai demandé 400 000 francs d'avance sur recettes et n'en ai obtenu que 200 000. J'ai refait un devis à 800 000 francs en mettant mon salaire en participation, et le CNC m'a seulement accordé 100 000 francs ! Je ne pouvais ni baisser encore le devis, ni trouver le financement. J'ai demandé un rendez-vous à André Malraux, ministre de la Culture, par l'intermédiaire de Jean Paulhan et lui ai exposé le problème : « Dois-je truquer le budget pour avoir 200 000 francs ou rester honnête au risque de ne pouvoir faire mon film ? Monsieur le ministre, que me conseillez-vous ? » Réponse de Malraux : « Truquez, jeune homme, truquez ! »

Produire, c'est aussi discuter les salaires de l'équipe. Vous êtes réalisateur, ce sont vos collaborateurs, mais si vous n'avez pas de producteur, vous entretenez avec eux un rapport patronal parce que c'est vous qui les payez chaque semaine. D'un côté, vous avez envie de leur demander des heures supplémentaires parce que vous n'avez pas terminé une scène. De l'autre, vous leur demandez des sacrifices parce que vous ne pouvez pas payer ces heures supplémentaires. C'est une situation que je trouvais impossible.

Au départ, je pensais être, pour les autres, le producteur que je n'avais pas eu : le papa du film et non celui du metteur en scène. L'intention était bonne, mais sur le terrain, des apprentissages techniques sont nécessaires point par point. On doit acquérir une série de réflexes tout au long de la vie d'un film car il faut pouvoir réagir à tout moment. C'est ce qu'avait compris Godard : j'avais peut-être le potentiel du bon producteur, mais je n'en avais pas la technique. Il ne m'a d'ailleurs jamais dit s'il pensait que j'avais ce potentiel, mais je crois être le seul producteur qu'il a toujours épargné. J'avais la sensibilité artistique, intellectuelle, l'amour et la connaissance de l'histoire du cinéma. Mais, dans la pratique quotidienne, j'en étais encore à reproduire cette leçon de Godard pendant le tournage de *La Paresse* : « Réfléchissez. »

La forêt brûle

Ce professionnalisme s'acquiert par la réflexion, l'expérience, les coups durs aussi. Tous les films sont différents, au même titre que les metteurs en scène.

Comment aborder un film ? Au départ, il y a un texte, une idée, quelqu'un qui me raconte une histoire, me donne deux pages ou deux cents. Avec l'expérience, on comprend assez vite. À la vingtième page d'un scénario, on sait. On peut aller jusqu'au bout pour voir ce qui ne va pas mais au moins on sait. Les premiers critères sont simples : Est-ce nouveau ? Est-ce vivant ? Est-ce touchant ? Est-ce que j'ai envie de voir ce film ? Qu'est-ce qu'il m'apporte ?

Critère décisif : Est-ce que ce scénario s'inscrit dans la réflexion qui m'habite concernant le cinéma moderne ?

Puis viennent d'autres critères que je me suis imposés sur l'utilisation de la violence au cinéma. Si le scénario exalte la barbarie, je le referme même s'il est bon et s'il a probablement un avenir commercial. Quand on manie les images et les sons, en tant que producteur ou diffuseur, on a une responsabilité de service public même en étant un industriel privé. Je n'ai pas besoin de loi pour refuser de produire des films révisionnistes ou portant atteinte à la dignité humaine. Je réponds de mes choix, voilà tout.

Toujours à propos du scénario, j'ai retenu et j'applique une autre leçon de production émanant de Jean-Luc Godard. Dans un scénario, il y a toujours une phrase comme « la forêt brûle ». Le directeur de production chiffre l'incendie. Le budget final est excessif et le producteur ne trouve pas l'argent. Mais qui pense à chercher une solution qui donnerait l'impression que la forêt brûle si le scénario l'exige sans pour autant faire brûler réellement une forêt ?

Et puis un film dure au moins dix-huit mois. Est-ce que j'ai envie de m'engager pendant dix-huit mois avec le metteur en scène ? Allons-nous pouvoir faire équipe, créer, sur un projet commun ?

Il y a une façon beaucoup plus froide, voire cynique de produire : « Créons une entreprise provisoire qui va durer dix-huit mois. Après, on la dissout. L'objectif, c'est d'investir. Cet investissement doit être rentabilisé de telle et telle façon. Moi, je suis le financier. En face de moi, j'ai les professionnels. Je leur donne les moyens de faire tourner cette entreprise. On fait le bilan à l'arrivée. Cela permet de n'avoir aucune relation passionnelle, ni avec les gens ni avec l'objet. La plupart des films, évidemment, se font ainsi. Moi, je n'y suis jamais arrivé.

Pour être le « père » du film, il faut être reconnu comme tel par les autres. On ne peut pas s'instituer père. Dieu le père. Comment acquérir cette reconnaissance qui est une forme d'autorité ? En produisant. Il faut beaucoup de temps pour devenir un bon producteur car les compétences, je le répète, s'acquièrent avec l'expérience. Un grand nombre de producteurs n'ont pas cette longévité mais juste l'illusion d'être reconnus parce qu'ils ont un succès rapide. La véritable reconnaissance se fonde sur la durée, sur le succès réel du film, pas forcément lié à l'approbation du grand public. On n'est pas un bon sportif du premier coup. On doit s'entraîner tous les matins.

Généralement, un succès est suivi par un échec alors que la réciproque n'est pas toujours vraie. Pour tout le monde, producteur, réalisateur, acteur, il est aussi difficile de gérer un grand succès qu'un grand échec.

En 1981, après *Sauve qui peut*, j'ai produit *L'Ombre rouge*, de Jean-Louis Comolli. La production a été catastrophique, alors que le scénario écrit par ce dernier, un personnage extrêmement intéressant, grand connaisseur du cinéma, ancien des *Cahiers du cinéma*, était excellent. Les acteurs – Nathalie Baye et Jacques Dutronc, avec qui je venais de faire *Sauve qui peut*, et Claude Brasseur – étaient aussi remarquables. Au lieu d'imposer un seul point de vue, celui du metteur en scène et éventuellement le mien, j'ai laissé s'exprimer les points de vue de tout le monde. Je n'ai pas joué mon rôle de producteur, ce qui n'a pas aidé le metteur en scène. Tout le monde donnait son avis sur le plateau. De la femme du réalisateur au producteur délégué, de l'ami du producteur à l'opérateur. Cela a abouti à une absence de style, une absence d'écriture, qui ont rendu le film inférieur au scénario. Je m'en rendais compte pendant le tournage mais je n'avais ni les compétences ni l'autorité nécessaires pour imposer ma volonté.

Ensuite, en 1982, vient un film beaucoup mieux produit parce que plus proche de mon univers. C'était un documentaire, *Mourir à trente ans*, de Romain Goupil. Romain était l'assistant de Jean-Luc sur *Sauve qui peut*, et j'avais déjà produit un de ses courts métrages. J'aime cette spontanéité adolescente qu'il porte en lui. Il me propose ce document, l'histoire de son ami, un des héros de Mai 68, qui s'était suicidé. Romain filmait depuis son plus jeune âge, il avait des kilomètres de pellicule. Le film est réussi mais il s'agissait d'un travail de montage sans équipe ni tournage à gérer.

Puis Yilmaz Güney. Avec *Yol*, qu'il a dirigé de prison en Turquie, il obtient la Palme d'or à Cannes en 1982, ex aequo avec *Missing* de Costa-Gavras, et surtout la liberté. J'ai fait sa connaissance à ce moment-là, mais auparavant j'avais vu en Allemagne son film *Le Troupeau*, dans une salle bourrée de spectateurs turcs. Je ne comprenais strictement rien mais j'avais trouvé le film excellent et je l'avais distribué. Même en France, Güney restait menacé par la police turque et se cachait chez moi, en Normandie avec toute sa famille. Il commence alors à écrire. Je finance l'écriture de son scénario, ce qui lui permet de subsister. Une histoire de jeunes garçons dans une prison. Lui-même sortait de plus de dix ans de détention. C'était un très beau scénario, très violent, un film cher. On pouvait trouver de l'argent grâce à la Palme d'or de *Yol*, mais dans certaines limites seulement car il n'y avait pas d'acteur professionnel. La violence du propos, les prisons turques n'en faisaient pas un film de *prime time*.

Nous étions d'accord, Yilmaz et moi, pour faire le film avec ce que l'on avait. À la lecture du scénario, il fallait construire les décors. Nous n'en avions pas les moyens. Lui-même se sentait assez mal à l'aise dans des décors de studio. Nous avons fini par trouver une abbaye dont une partie était en déshérence. L'autre abritait un internat de garçons. Pendant les vacances scolaires, l'abbaye française est devenue une prison turque. Yilmaz a fait venir des Turcs de toute l'Europe pour construire des kilomètres de murs. Des murs de prison en dur et des miradors qui ont été très difficiles à détruire. On ne savait pas d'où ces gens venaient ni comment les payer. Ils travaillaient nuit et jour.

Restaient les figurants. Güney a fait venir des Turcs et des Kurdes, ce qui posait quelques problèmes. De jeunes Turcs placés en maison de rééducation en Allemagne ont débarqué accompagnés par leurs éducateurs.

Je faisais dormir deux hommes armés devant la porte de Yilmaz. Grâce au préfet Maurice Grimaud, qui était à l'époque directeur de cabinet du ministre de l'Intérieur Gaston Deferre, ces hommes avaient des autorisations de port d'armes. Le préfet de police de Paris en 1968 a procuré un vrai-faux passeport à Yilmaz Güney car il était en situation irrégulière ! Il a vraiment aidé cet homme à faire un dernier film avant de mourir.

Mon expérience politique personnelle m'a beaucoup servi. Je me rappelais *Coup pour coup*, que j'avais montré à Yilmaz, et les difficultés que j'avais rencontrées. J'apportais mon expérience notamment sur l'organisation de l'improvisation, qui lui a été très utile. Nous sommes arrivés au bout de ce film dans les temps, sans dépassement de budget et surtout sans accident majeur alors que les incidents étaient quotidiens.

À sa sortie, en 1983, *Le Mur* n'a pas plu : trop violent, a-t-on dit. Il y a une violence qui séduit et une autre qu'il ne faudrait pas montrer. Je me souviens encore de l'enterrement de Güney. Car après toutes ces années passées en prison dans des conditions physiques et morales très dures, il est rapidement tombé malade et est mort en quelques mois. Au Père-Lachaise, il y avait des milliers de personnes entonnant *L'Internationale* et des chants révolutionnaires kurdes, et de nombreux discours. Yilmaz Güney était un héros populaire pour les opposants turcs et un grand metteur en scène.

La stratégie du bouc émissaire

Jusque-là, je n'avais jamais produit de film à vocation commerciale. Françoise Giroud avait écrit un livre qui avait eu beaucoup de succès, *Le Bon Plaisir*. Francis Girod souhaitait en faire un film. Françoise Giroud a accepté d'en écrire l'adaptation et les dialogues, métier qu'elle connaissait bien. Le scénario présentait le double avantage pour moi d'être à la fois politique et divertissant. Ce serait une comédie. Le film devait évidemment entrer dans les normes des productions de grande audience : stars, moyens financiers. Francis Girod avait une bonne réputation auprès des acteurs, ce qui facilitait les choses : Catherine Deneuve, Michel Serrault et Jean-Louis Trintignant ; un très beau casting. Je me suis mis à chercher le financement sans y parvenir vraiment.

Là encore, il fallait trouver des décors naturels moins coûteux que le studio. J'ai fait le tour des ministères pour obtenir l'autorisation de tourner. Je décroche une première autorisation pour le ministère de l'Intérieur, donnée toujours par le même directeur de cabinet, le préfet Grimaud, en l'absence de Gaston Deferre. Quelques jours plus tard, Deferre m'invite à dîner au ministère, avec Edmonde Charles-Roux, pour me signifier son refus : « Vous comprenez, dans le film, on voit des policiers couvrir un attentat contre un des héros. Ce serait une atteinte au moral de mes troupes. Ce serait très mal vu par les policiers. Je ne peux pas vous donner l'autorisation de tourner au ministère de l'Intérieur. »

À l'époque, personne, pas même Françoise Giroud, ne savait que Mitterrand avait une fille, Mazarine. Or, l'histoire que raconte Françoise met en scène un président de la République, sa maîtresse et l'enfant qu'ils ont eu, le tout publié aux éditions Mazarine ! Mitterrand était persuadé que Françoise Giroud était au courant. Elle s'était en fait inspirée de quelqu'un d'autre de sa connaissance... Il n'empêche, je devais trouver un autre ministère. J'ai apporté le scénario à Robert Badinter, qui a accepté que nous tournions au ministère de la Justice.

Ensuite, il nous fallait l'Élysée, auquel l'ambassade d'Italie ressemble beaucoup, surtout ses jardins. L'ambassadeur nous a prêté son hôtel. Nous avons également tourné au ministère des Affaires étrangères, chez Claude Cheysson à l'époque.

Le film commençait à prendre du retard parce que Francis Girod, angoissé, multipliait les prises. Catherine Deneuve arrivait en retard, ce qui entraînait des conflits de plus en plus vifs entre le metteur en scène et son actrice principale. Francis Girod a un humour ravageur, surtout quand il l'exerce aux dépens des autres, et Catherine Deneuve répondait à cela en arrivant de plus en plus en retard.

Je me suis alors souvenu de quelque chose que j'avais lu dans la biographie d'un producteur américain : il engageait toujours un acteur à qui il confiait un rôle en le prévenant qu'il allait être renvoyé au milieu du tournage. Il le désignait comme bouc émissaire.

Dans les équipes de cinéma qui vivent en vase clos, le groupe se soude en excluant quelqu'un qui fait figure de bouc émissaire. Il vaut évidemment mieux éviter que ce soit le producteur, qui est en première ligne : si c'est lui, le projet ne tient plus. Dans le cas particulier du *Bon Plaisir*, n'ayant personne à me mettre sous la main, je me suis autodésigné bouc émissaire pour réconcilier Girod et Deneuve. Comment ? en faisant constater par huissier les retards de Catherine Deneuve et en lui envoyant une lettre recommandée la mettant en demeure d'arriver à l'heure. Je n'ai plus jamais tourné avec Catherine Deneuve et elle m'adresse rarement la parole. Mais ça a marché. Elle arrivait à l'heure. Deneuve et Girod étaient copains comme cochons tandis que moi, j'étais complètement rejeté. J'avais mis en place un coup totalement maîtrisé et réussi. Le film a été terminé en temps et en heure, sans dépassement.

Aucun producteur n'a intérêt à se fâcher avec Catherine Deneuve, que j'aime beaucoup par ailleurs. Mais le plus important sur le moment était de terminer le film dans de bonnes conditions, d'autant que j'étais très endetté et que je n'ai trouvé l'argent que vers la fin, essentiellement auprès des réseaux d'exploitants de salles.

Je me rappelle avoir reçu sept cents traites à signer. Le film a été un très grand succès, le début de mes grands succès.

Une si longue entente

Le film suivant, *Poulet au vinaigre* (1985), marque le début de ma longue collaboration avec Claude Chabrol. Le scénario, refusé partout, est arrivé chez moi par hasard. Je retrouvais Claude, que je n'avais pas vu depuis 1968. J'étais heureux de me sentir en terrain d'amitié, mais il fallait commencer par revoir le scénario qui était trop long.

En établissant le plan de travail, nous nous sommes aperçus que les huit semaines nécessaires dépassaient le budget que je pouvais mettre, n'ayant pas encore trouvé de financement extérieur. Je disposais en propre, en autofinancement, en argent entièrement personnel, de six millions de francs. Ce n'était pas beaucoup, mais au-delà je ne pouvais pas faire le film. Le prix d'un film français moyen était, à l'époque, de douze millions de francs. Je demandais à Claude Chabrol de réaliser le film à moitié prix. Cette contrainte-là, la volonté de faire le film, le risque que je prenais pour MK2 m'a amené à repenser tout le système de production. Claude Chabrol a coupé le scénario, qui est devenu bien meilleur, et gagné deux semaines de tournage. Il fallait des acteurs. Claude cherchait de son côté. Il aime aussi qu'on lui propose des idées. Je ne sais plus comment j'ai pensé à Jean Poiret, qui était très connu et ne tournait plus rien au cinéma.

Se posait le problème des salaires, celui de Jean Poiret, la vedette, celui de Claude Chabrol et le mien. J'ai alors mis en place un système issu aussi de *Coup pour coup*. J'ai proposé que l'acteur principal, le réalisateur et moi-même recevions le même salaire, qui était, il faut le reconnaître, très bas, quitte à ce qu'il y ait des participations ensuite. Poiret a accepté. Claude aussi. J'ai toujours refusé, par la suite, que des acteurs gagnent davantage que le réalisateur. Quand je dis que la production est une affaire de morale, en voici un élément déterminant : un metteur en scène ne peut pas être moins payé qu'un acteur. Qu'il soit payé davantage, pourquoi pas ? autant, certes, mais jamais moins. Parce que je produis avant tout le film d'un réalisateur, il doit y avoir une relation entre l'idée qu'il est au cœur de l'entreprise et son salaire. J'ai parfois été contraint d'accepter qu'un acteur touche davantage que le metteur en scène, mais les résultats ne m'ont pas convaincu : l'inégalité entre le poids du réalisateur et celui de l'acteur détériore mystérieusement le film.

Claude Chabrol est un remarquable producteur, au sens où il a intériorisé les données financières d'un film. Il réalise en fonction des contraintes qu'il s'impose. Il a été producteur avant moi mais a renoncé très tôt à produire ses propres films.

Il n'est pas facile de parler de ma relation avec Claude. En 2003, avec *La Fleur du mal*, nous en sommes à notre douzième film. Sa fidélité m'honore, d'autant qu'il aurait certainement pu gagner bien davantage ailleurs. Il continue de me surprendre par sa mise en scène de plus en plus limpide, fluide, essentielle. Je crois l'aider à approfondir sa thématique, à choisir au mieux ses sujets, à améliorer ses films. Notre complicité, sa fidélité rendent les mots superflus. Il sait que, dans les moments difficiles, c'est grâce au succès de ses films que je peux continuer d'en produire d'autres, dont j'aime l'entretenir. Nous partageons des valeurs telles que la passion du cinéma, la haine de la bêtise au sens flaubertien, le respect des femmes, la relation juste entre la création et l'argent.

Cet homme, qui peut s'amuser à lancer des rumeurs (jamais malveillantes), s'est construit un personnage auquel nombre de journalistes ont adhéré sans aller voir plus loin. Claude Chabrol n'est pas le dernier de la classe des auteurs issus de la Nouvelle Vague, un peu paresseux, très bon vivant, capable de réaliser des chefs-d'œuvre et de très mauvais films. Il possède une immense culture cinématographique, littéraire et musicale, qu'il n'étale pas ; il construit imperturbablement une œuvre ; il possède un style sur lequel il ne s'appesantit pas. Mais ses « leçons de cinéma » – elles suivent les films édités en DVD – aideront à montrer l'élaboration complexe d'une mise en scène qui en fait – à mes yeux – un des plus grands auteurs français.

1 heure 45 et 30 secondes

C'est avec *Mélo*, d'Alain Resnais, que, pour la première fois, en 1986, j'ai eu l'impression de maîtriser l'ensemble des contraintes du métier. Resnais est un homme d'une génération qui précède la mienne. Il m'a toujours beaucoup impressionné. Je n'aurais pas eu l'idée moi-même, par timidité, d'aller lui proposer de le produire. L'agent de Resnais à l'époque, Yvette Etiévant, comédienne dans *Le Dialogue des carmélites*, était restée une amie proche. Jean-Louis Livi, le président d'Art média, m'a appelé en me proposant de lire la pièce de théâtre de Henry Bernstein, auteur très connu dans les années 1930, dont Resnais voulait tirer un film. Il n'y avait pas de scénario proprement dit. Je me doutais que si ce projet était arrivé chez moi, c'est parce qu'il avait été refusé par tout le monde.

Resnais sortait de deux gros échecs commerciaux, *L'Amour à mort* et *La vie est un roman*. Adapter une pièce de théâtre après ces deux échecs-là n'était pas évident. Je lis le texte sans avoir rencontré Resnais, que je connaissais à peine. Et je trouve l'idée excellente. Il faut dire que j'adore les mélos ! Avant de voir Resnais, j'ai appelé son agent pour lui dire : « Pour qu'il n'y ait pas de malentendu, voici quelques conditions préalables : je ne peux mettre que sept millions de francs et le film ne doit pas dépasser une heure quarante-cinq. » Sept millions, c'est la somme qui me permettait d'être totalement libre ; la durée est celle que j'impose à tous les réalisateurs. Cela impliquait de couper la pièce, beaucoup trop longue. Quand un film dépasse une heure quarante-cinq, les salles de cinéma ne peuvent faire que quatre séances au lieu de cinq. Le manque à gagner dans l'exploitation du film s'en ressent. Mais ce n'est pas la seule raison de cette contrainte : peu de sujets justifient, par leur contenu, de bousculer cette règle de durée.

Par ailleurs, je souhaitais que nous nous mettions d'emblée d'accord sur l'équipe. Je ne voulais pas de son chef opérateur, envers qui je gardais une rancune tenace depuis l'époque où j'avais été le premier assistant de Pierre Kast c'est en partie à cause de lui que je n'avais pu retrouver de travail après ma première expérience malheureuse d'assistant.

Jean-Louis Livi me rappelle peu de temps après pour me donner l'accord d'Alain Resnais et me proposer une rencontre. J'ai vu arriver un homme très intimidé mais impressionnant, très élégant, très beau. J'étais encore plus intimidé que lui. Je lui répète mes conditions. Il me confirme son accord. Comment faire ce film avec si peu d'argent ? Nous commençons à envisager différentes hypothèses. Devait-on tourner en extérieur réel, solution nettement moins coûteuse que le décor de studio qu'il faut louer ? Alain Resnais n'aime pas tourner en extérieur.

En pesant le pour et le contre, j'ai très vite pensé qu'il fallait un plateau pour construire les deux décors du film. L'avantage était, pour quelqu'un de très minutieux, la maîtrise de la lumière et de la mise en scène. L'inconvénient, le coût de la location du plateau à la journée. Conclusion : nous devions tourner sur un plateau puisqu'on maîtrise un certain nombre d'éléments de la réalité, et il fallait aller plus vite. Je devais gagner en journées de tournage ce que je perdais en louant et en construisant un décor. J'ai proposé à Alain Resnais de répéter avec les acteurs comme au théâtre, ce qui correspondait très bien à cette adaptation d'une pièce. Il était enthousiaste et a accepté immédiatement. Et j'ai continué. Puisqu'on répète avec les acteurs, pourquoi ne pas répéter avec les techniciens ? Si on répète avec les techniciens, on peut gagner beaucoup de temps, puisque tout est prêt. Avec quelqu'un comme Alain Resnais, c'est possible, puisqu'il n'improvise pas. En discutant, je me rends compte qu'il lui faut deux semaines de répétition, en faisant venir les techniciens par ordre d'importance. D'abord une petite équipe puis quasiment toute l'équipe.

Et je lui propose un tournage de vingt et un jours, trois semaines, précédé de quelques semaines de répétition. Une durée moyenne de tournage, c'est huit semaines et, avec Alain Resnais, souvent davantage. Il accepte, ce qui était formidable car je savais que la contrainte était très lourde pour lui. À partir de là, les choses sont devenues passionnantes : les répétitions avec les acteurs ont permis de raccourcir le texte et de resserrer l'action. Elles ont duré environ un mois et demi, deux mois avant le début du tournage.

Puis il a fallu demander aux techniciens quelque chose de totalement incongru : répéter sur un plateau avec les comédiens sans tourner. Je devais obtenir des techniciens deux semaines de répétition, mais pas au même prix que les semaines de tournage parce que le travail était différent.

J'ai expliqué à chacun la façon dont on abordait le film, les conséquences des contraintes financières qu'Alain avait acceptées. Puis je leur ai dit : « Vous êtes les techniciens qu'Alain a demandés. Vous êtes reconnus professionnellement. Vous avez un salaire très au-dessus du minimum syndical. Moi, je reconnais la légalité du minimum syndical. C'est la loi. Au-delà, c'est ce que j'appelle la "loi orale". Je peux l'admettre si vous répondez à cette question : qu'est-ce que vous apportez au film ? Réfléchissez et expliquez-moi ce que vous apportez de plus qu'un technicien payé au minimum syndical. »

Alain Resnais avait un jeune chef opérateur, Charlie Van Damme, avec qui il travaillait pour la première fois. Avoir du temps pour réfléchir à la mise en place des lumières en fonction de la mise en scène était une expérience inédite, unique. Il a demandé son salaire habituel mais a immédiatement proposé de ne pas être payé pour les deux semaines de répétition. Je crois me souvenir que le cadreur a fait de même.

La réponse la plus surprenante est venue du chef monteur d'Alain Resnais, Albert Jurgenson, récemment décédé. C'était un technicien exceptionnel et un militant syndical actif. Il discutait avec le patron et les propos que je lui tenais lui semblaient particulièrement incongrus. J'ai mis du temps à lui expliquer mon point de vue. Assez perplexe, il me dit : « Il faut que j'en parle avec Alain. Je vous rappelle. »

J'en ai discuté aussi de mon côté avec Alain car je sentais que la partie serait difficile. Deux semaines plus tard, Jurgenson revient et me dit : « Voilà ce que j'ai à vous proposer. Je fais le montage, les bruitages, les sons, le mixage, le tout en huit semaines, mais je veux mon salaire habituel. » En règle générale, cette partie technique dure environ vingt-deux semaines. Je lui réponds : « Vous en avez parlé avec Alain ? Parce que vous êtes devant un vrai problème de construction, de mise en scène. Si je décrypte ce que vous me dites, vous aurez un mixage avec trois bandes son. Vous ne pouvez pas mixer vingt-cinq bandes son et les monter en une semaine. Cela signifie qu'Alain a bien réfléchi et sait ce qu'il veut faire. » Ils s'étaient en effet parlé et j'en ai déduit qu'Alain allait réaliser peu de plans avec une très grande rigueur sonore : son direct maximum et peu d'effets autour.

Tous les techniciens ont répondu, à leur façon, aux questions suivantes : Comment mettre un peu d'imagination au pouvoir, contourner la contrainte, maîtriser les difficultés ? Comment placer la technique au service du contenu ? Comment une chose qui, au départ, peut paraître impossible devient-elle une zone de liberté ? Pour Resnais, contrairement à d'autres qui préfèrent tourner en extérieur, le plateau est une zone de liberté.

J'ai proposé à tous les acteurs le même salaire, inférieur à celui d'Alain Resnais, et une participation. Ils continuent de toucher des chèques sur le film.

Ce que je pouvais, moi, apporter au film proprement dit, était une compétence acquise un peu par hasard, dans les années 1970, où, ayant été au chômage pendant deux ans, j'avais appris le métier d'antiquaire. Je connaissais bien le circuit de l'Art nouveau. *Mélo* se passe en 1930. J'ai proposé à l'ensemblier d'aller prospecter chez des amis marchands. Alors que le film coûtait sept millions, la seule chose qui coûtait cher était l'assurance souscrite pour les quinze millions de francs de meubles et de tableaux, tous authentiques : Ruhlman, Prinz pour les meubles, sculptures de Laurens, tableaux de Juan Gris prêtés par Louise Leyris. Cela a donné au film un caractère luxueux. Depuis, j'ai toujours exigé que les meubles ou les objets d'un décor soient authentiques ; la différence se voit.

Alain avait besoin que je sois présent tous les jours sur le tournage. Je pense que ça le rassurait. En principe, je n'aime pas aller sur les tournages parce que je n'ai rien à y faire. En regardant travailler le metteur en scène, je peux imaginer le film terminé, mais je ne peux rien faire. Mon travail précède le tournage. Pendant le tournage, j'ai aussi du travail, mais pas sur le plateau. Il faut faciliter la tâche au réalisateur, être présent s'il en a besoin.

Grâce aux répétitions, l'atmosphère était

exceptionnellement bonne sur le tournage, tant du côté des techniciens que des acteurs, Sabine Azéma, Pierre Arditi, André Dussolier et Fanny Ardant.

La fin du film a été marquée par une anecdote surprenante, qui traduit bien la minutie du réalisateur, son extrême volonté de tenir sa parole : un matin, vers sept heures moins le quart, Alain me téléphone. Je sentais qu'il avait attendu toute la nuit la première heure possible pour m'appeler. C'était déjà extrêmement tôt.

« Je n'ai pas dormi de la nuit. Je suis très embêté. Il fallait absolument que je vous parle. Excusez-moi de vous appeler si tôt.

— Que se passe-t-il ?, dis-je, très inquiet.

— Hier soir, nous avons fait le dernier minutage. Nous dépassons de trente secondes, je vous avais garanti de ne pas dépasser une heure quarante-cinq. »

Voilà Alain Resnais.

Et comme l'échec suit généralement le succès, *I want to go home*, qui a suivi *Mélo*, a effectivement été un échec commercial, mais je reste fier d'avoir produit ce film.

La parole et le respect

Les efforts d'Alain Resnais pour tourner si rapidement, pour tenir sa parole, impliquaient que je l'aide au maximum, que je lui rende cette confiance. J'ai compris cela sur ce film. C'était assez nouveau. Godard avait un comportement différent, beaucoup plus violent : j'étais le jeune à qui on apprend le métier. Resnais était nettement plus âgé que moi et me montrait du respect. En retour, je me devais d'être respectable.

C'est autour de cette notion de parole, de respect, de générosité et de confiance partagés que j'apprécie un metteur en scène. Ce respect mutuel passe par le respect de la parole. Quelques réalisateurs n'ont pas tenu parole et je leur en veux durablement.

Avec Michael Haneke, les choses n'avaient pas mal commencé. Haneke est autrichien, comme Axel Corti, que je regrette de n'avoir pu produire. Après que j'ai refusé deux scénarios, dont *Funny games*, que je n'ai voulu ni produire ni distribuer, mais qui est sorti dans mes salles, et *Le Temps des loups*, qu'il vient seulement de tourner, il est venu me parler d'une idée de film sur l'Europe, qu'il voulait tourner avec Juliette Binoche. Pour *Code inconnu*, il est venu à Paris enquêter sur l'immigration africaine et je l'ai poussé à aller voir aussi du côté des mendiants roumains.

Malgré la présence de Juliette Binoche, les conditions de production ont été difficiles car peu d'investisseurs étaient intéressés par le sujet. L'autoritarisme, la raideur et les exigences du metteur en scène transformaient les échanges en rapports de force incessants et iné-galitaires. Son premier assistant, pourtant choisi par lui, a déclaré forfait deux semaines avant le début du tournage. Les autres ont tenu mais ils ont souffert.

Le film terminé s'avère magnifique. Il est sélectionné à Cannes où il est mal reçu. Le public non plus ne suivra pas.

Haneke me propose alors une adaptation de *La Pianiste*, d'Elfriede Jelinek. Le scénario est excellent. Seule Isabelle Huppert pouvait inter-préter ce rôle, qu'elle accepte. Jeanne Moreau, pressentie pour interpréter la mère, renonce deux semaines avant le début du tournage à la suite d'un essayage de costume avec le metteur en scène qui a mal tourné.

Là encore, le financement est difficile en rai-son du sujet. Seule Arte est d'emblée fidèle au rendez-vous. Avec mon coproducteur, Alain Sarde, nous voyons le film terminé. Il est incon-testablement trop long d'une vingtaine de minutes, alourdi par des scènes répétitives dans l'horreur ou inutilement provocantes. Fin de non-recevoir du metteur en scène : nous atten-tons à son génie créateur.

En raison du mauvais accueil qu'avait reçu *Code inconnu* l'année précédente, je ne souhai-tais pas envoyer le film à Cannes, mais Haneke voulait à tout prix y aller. Le film est donc montré à Gilles Jacob et à Thierry Frémeaux qui le refusent.

Ce refus a sauvé le film du désastre : j'en ai profité pour confier à Haneke que Gilles Jacob trouvait le film trop long mais que, s'il coupait quelques scènes, il accepterait de le revoir. Pour aller à Cannes, Haneke accepte de couper, tout génie mis à part. Se pose alors le problème de montrer à nouveau le film, ce à quoi je restais opposé. Haneke intervient personnellement et fait même intervenir les autorités autrichiennes du cinéma. Le film est sélectionné in extremis. Il obtiendra trois prix et un grand succès public.

Je n'aurais pas souhaité laisser tomber Haneke après l'échec de *Code inconnu* mais je suis fort heureux de l'abandonner après le succès de *La Pianiste*.

Je m'implique complètement dans la relation avec le metteur en scène, relation qui peut être excessive mais qui passe par la générosité, l'acceptation d'autrui, l'écoute totale, attentive, dans une sorte d'échange et de don réciproque. Lorsque la réciprocité n'existe plus et que j'ai l'impression de donner sans recevoir, je réagis sans doute trop brutalement. Les réalités économiques ne comptent alors plus, ce qui est une faiblesse quand on dirige une entreprise. Mais humainement, il m'est impossible d'agir autrement.

Premiers films

Il m'a souvent été reproché de ne produire que des metteurs en scène déjà connus, de ne pas chercher à produire de premiers films, notamment ceux de metteurs en scène français. La réalité est un peu différente. J'ai toujours cherché à produire (ou à coproduire) des premiers films et j'en ai produit : *Voyage en grande Tartarie* de Jean-Charles Tacchella, *Chocolat* de Claire Denis, *Taxi Blues* de Pavel Lounguine, *Mourir à trente ans* de Romain Goupil, *La vie est un long fleuve tranquille* d'Étienne Chatiliez, *L'Amour en deux* de Jean-Claude Gallotta, *Riens du tout* de Cédric Klapisch, *Mazeppa* de Bartabas, *En mai, fais ce qu'il te plaît* de Pierre Grange, *La Pomme* de Samira Makhmalbaf, *L'Oiseau d'argile* de Tareque Masud.

J'ai aussi produit ce que j'appelle des « seconds premiers films ». Il arrive que des metteurs en scène réputés, à la suite d'un ou plusieurs échecs commerciaux, ne trouvent plus de producteurs malgré un passé glorieux : Godard, Resnais, Chabrol, Malle ont connu cette situation et ont pu ensuite poursuivre une brillante carrière.

Dans la vie, une première rencontre n'implique pas que l'on reste ensemble éternellement. Au cinéma, c'est pareil, bien que je préfère toujours essayer d'établir des liens à long terme.

J'ai aussi refusé de produire plusieurs jeunes metteurs en scène qui se sont parfois révélés talentueux ou qui ont connu des succès commerciaux. Peut-être est-ce lié au fait qu'ils abordent MK2 comme une institution financière susceptible de les soutenir, sans prendre en compte notre spécificité de collaborateur de création. La notion d'auteur en France implique parfois une sorte de toute-puissance entraînant peur ou mépris vis-à-vis du producteur. Ils font aussi preuve d'une impatience qui n'est pas compatible avec ma façon de travailler. Perfectionner un scénario, accepter les critiques et les contraintes économiques sans se sentir personnellement atteint est difficile quand on n'a pas encore fait ses preuves. Pour ma part, j'accepte très bien de prendre la responsabilité d'un éventuel échec financier à condition d'avoir tout tenté au préalable pour l'éviter.

Alors que j'aurais tant aimé avoir un producteur quand j'étais moi-même metteur en scène, j'observe que les metteurs en scène susceptibles de tourner un premier film aujourd'hui préféreraient s'en passer, sauf sur le plan financier. Mais je reste preneur !

5

I WANT TO GO HOME

Je ne parle pas anglais. Je n'aime pas voyager.
Mais je suis cosmopolite. Résident *et* étranger :
c'est la définition de l'identité juive. Enfant, je
voulais être diplomate pour passer librement les
frontières. Adulte, j'ai voyagé dans le monde
entier grâce au cinéma : Brésil, Russie, Grèce,
États-Unis, Roumanie, Pologne, Iran, Italie,
Angleterre, Suisse, Portugal, Afrique du Nord,
Bangladesh. En production, le cosmopolitisme
consiste à faire tourner des étrangers en France,
des Français à l'étranger, des étrangers dans
leur propre pays ou dans un autre pays étranger. Sur le mur d'une de mes salles, j'ai fait inscrire cette maxime de Mao Zedong : « Que
l'étranger serve le national. » J'y crois et j'essaie
de produire des films étrangers chaque fois que
c'est possible.

France, go home

L'échec, c'est les États-Unis. En quatre films.
D'abord, le film d'Alain Resnais, *I want to go home*, tourné en France en 1988, en anglais. Le scénario était écrit par Julius Pfeiffer, et Adolf Green, le célèbre scénariste de *Chantons sous la pluie*, entre autres, y tenait le rôle principal. Pour toutes ces raisons, le film aurait dû sortir aux États-Unis. Cela n'a pas été le cas : même la maison de distribution que j'ai dirigée pendant quelque temps à New York l'a refusé et je n'ai pas voulu l'imposer.

La création de MK2/USA remonte à avril 1989 lorsque le musée d'Art moderne de New York m'avait rendu hommage. J'avais choisi de présenter *Une affaire de femmes*, de Claude Chabrol, devant les *trustees* du musée, puis en public. Malgré les faveurs de ce public, aucun distributeur ne s'était proposé : peine de mort et avortement, c'était trop pour la partie minoritaire mais bruyante de l'opinion publique américaine. J'ai décidé de le distribuer moi-même. Le film a bien marché, soutenu efficacement par la presse de New York et de Los Angeles. J'ai été le seul distributeur français aux États-Unis mais cette expérience n'aura duré que quelques années.

Puis, j'ai pensé qu'il serait intéressant de produire les cinéastes indépendants de la côte est

116

pour tenter de pénétrer le marché américain en contournant la forteresse hollywoodienne.

En 1997, j'ai produit *Claire Dolan*, avec la merveilleuse Katrin Cartlidge, décédée il y a quelques mois. Le premier long métrage de Lodge Kerrigan, *Clean, Shaven*, présenté à Cannes en 1994 dans la section « Un certain regard », avait été remarqué par les cinéphiles. *Claire Dolan*, cette histoire d'une femme en quête de dignité, a été tournée à New York. L'architecture de la ville est presque un personnage du film, créant un univers esthétique très particulier. Le film a été sélectionné à Cannes, où il est passé quasi inaperçu. La sortie du DVD en 2002 le fera peut-être revivre, car les critiques qui l'ont vu ou revu l'ont trouvé excellent. Mais il n'est resté à l'affiche qu'une semaine à New York !

Toujours en 1997, toujours dans la sélection « Un certain regard », j'ai découvert *Sunday*, de Jonathan Nossiter, que j'ai distribué, avant de lui proposer de produire son film *Signs and Wonders*, avec Charlotte Rampling qu'on ne voyait plus depuis longtemps, Deborah Unger vue dans *Crash*, de David Cronenberg, et Stellan Skarsgard, vu dans *Breaking the waves*, de Lars von Trier.

Outre ses qualités de metteur en scène, Jonathan Nossiter est un sommelier réputé, connaissant tous les vins du monde et sollicité par de prestigieux restaurants américains pour élaborer leur carte des vins. Il parlait grec et voulait tourner à Athènes, une ville qu'il connaissait parfaitement. En Grèce, j'avais déjà produit, dix ans auparavant, *L'Apiculteur*, de Theo Angelopoulos. *Signs and Wonders* était le premier film avec des stars tourné entièrement en numérique. Le grand chef opérateur Yorgos Arvanitis s'y est prêté alors que l'expérience était plus que risquée. Il ne s'agissait pas de tourner bon marché et plus rapidement, mais d'expérimenter cette technologie pour élaborer un nouveau langage.

Le scénariste était un Anglais vivant aux États-Unis ; le réalisateur, un Américain élevé en Europe et en Asie ; l'acteur principal, un Suédois jouant le rôle d'un homme naturalisé Américain ; l'actrice, une Anglaise habitant Paris jouant le rôle d'une Américaine d'origine grecque ; puis une actrice canadienne et un Grec. Le film est allé en compétition à Berlin en 2000. Vous avez dit cosmopolite ? Le film n'est pas sorti aux États-Unis. Troisième échec.

L'expérience la plus récente (en 2002) sera, je le crains, la dernière : *Apartment #5C*, de Raphaël Nadjari. Ce très talentueux metteur en scène français a tourné ses deux précédents longs métrages, *The Shade* et *I'm Josh Polonski's Brother*, à New York et en anglais : *Apartment #5C* pas plus que les deux films précédents ne sont sortis aux États-Unis.

Conclusion : il est impossible de faire des films américains ou destinés aux Américains en dehors des institutions américaines. Dont acte.

De Rio au Bangladesh en passant par Moscou

Au Brésil, je n'ai produit qu'un film, *Opera do Malandro*, de Ruy Guerra, en 1986, et j'en suis sorti vivant : le film est allé à son terme et ne m'a pas ruiné. Aucun producteur français depuis *Orfeo Negro*, qui date de 1959, n'y était arrivé.

Ruy Guerra avait fait l'Idhec quelques années avant moi ; je le connaissais à travers *Os Fuzis*, tourné en 1964, comme l'un des fondateurs du « Cinema Nuevo » au Brésil. Je me suis lancé dans une aventure déraisonnable : produire une comédie musicale brésilienne qui était l'adaptation de *L'Opéra de quat'sous* sur une musique de Chico Buarque. Le problème au Brésil, pour un producteur étranger, c'est qu'il est considéré comme un « gringo ». Je suis venu expliquer à l'équipe réunie à Rio que le film n'irait à son terme que s'ils se l'appropriaient, avec leur musique, leurs thèmes, leurs costumes. Le tournage avait lieu en grande partie de nuit dans un immense local, reconstituant d'un côté le Rio de Janeiro d'avant-guerre et occupé, de l'autre, par un salon agricole. Heureusement, le son était en play-back car le tournage se déroulait sur fond de caquètements de poules et de meuglements de vaches.

Le film a été présenté en clôture de la Quinzaine des réalisateurs à Cannes en 1986. Jack Lang, remplacé depuis peu par François Léotard, était mon invité personnel. Tous les cinéastes du tiers-monde présents à Cannes ce jour-là l'ont remercié pour le soutien indéfectible qu'il leur avait manifesté du temps où il était ministre de la Culture.

En Russie, j'ai produit le premier film de la perestroïka, *Taxi Blues*, de Pavel Lounguine, et une des rares productions étrangères, *Chamane*, de Bartabas.

En 1988, j'ai été invité à Moscou avec deux producteurs prestigieux, Serge Silbermann et Alexandre Mnouchkine, par le directeur du Centre du cinéma. Il nous a fait visiter les studios Mosfilm, où les réalisateurs russes avaient quinze minutes pour nous parler de leurs projets, qui ne nous ont pas enthousiasmés. Idem à Leningrad. En visitant la ville, Alexandre Mnouchkine, qui avait quitté la Russie en 1908, nous a fait revivre la révolution russe à travers ses souvenirs, moment d'une grande émotion pour lui qu'il a su nous faire partager avec humour.

Dans l'avion du retour, j'étais assis à côté d'un

journaliste français, Pierre Rival, à qui j'ai fait part de ma déception concernant les sujets qui nous avaient été proposés. Il m'a alors parlé d'un scénariste de sa connaissance, Pavel Lounguine, qui avait écrit l'histoire d'un chauffeur de taxi de Moscou. Le scénario de trente pages que je me suis procuré était excellent. J'invite le scénariste à Paris et je vois arriver un ours barbu et bégayant, parlant très bien le français, comprenant mal pourquoi il était à Paris car son scénario avait déjà été vendu aux studios de Leningrad. Nous avons pu le racheter et le coproduire avec eux. N'ayant jamais touché à la réalisation, il s'est montré encore plus surpris quand je lui ai proposé de mettre en scène. J'ai misé sur ce Russe qui n'avait jamais rien tourné et n'avait pas vu beaucoup de films. Je l'ai enfermé au MK2 Odéon pour qu'il voie tous les films de Cassavetes. Il en est ressorti anéanti mais convaincu qu'il ne pouvait pas tourner son film dans la tradition des films russes qu'il connaissait. Je lui ai demandé de reproduire en Russie ce qu'avait fait la Nouvelle Vague en France : un tournage en décor réel avec son synchrone et un matériel léger.

J'ai envoyé à Moscou un ingénieur du son français, la pellicule, la caméra, et une vieille Mercedes, le fameux taxi. Au deuxième jour de tournage, l'ingénieur du son m'appelle pour me dire qu'il ne peut pas travailler : Lounguine met en place des travellings mais les machinos qui poussent la caméra portent des chaussures qui font du bruit. Impossible de trouver des baskets à Moscou ! Nous en avons expédié un stock de Paris.

Le montage a eu lieu à Paris. La première version durait deux heures trente. Je me suis mis à la table de montage pour réduire le film à une heure quarante-cinq. Pavel Lounguine l'a accepté tant bien que mal.

À Cannes, en montant sur scène, Lounguine a découvert avec stupéfaction que Ben Gazarra, l'acteur fétiche de Cassavetes, était là pour lui remettre le prix de la mise en scène. L'émotion renforça encore son bégaiement et peu de gens, hormis les initiés, ont compris pourquoi la présence de Ben Gazarra le mettait dans un tel état.

Cinq ans plus tard, en 1995, *Chamane* est né de la rencontre entre Bartabas, dont j'avais produit le premier film, *Mazeppa*, et Jean-Louis Gouraud, qui avait écrit un scénario destiné à l'origine à Konchalovski. Jean-Louis Gouraud s'était aussi distingué en allant de Paris à Moscou à cheval. Le coproducteur russe, Alexandre Avelitchev, était avant tout éditeur.

Le film se passait en Sibérie, autour d'Irkoutsk, dans la région la plus froide, la plus désertique, la plus vaste du monde. C'est le seul endroit sur la planète où les poneys yakoutes font de la fourrure. Le thème, l'aventure d'un homme échappé du goulag qui survit avec un cheval, permettait à Bartabas d'explorer tout ce qu'il aimait : le chamanisme, l'errance, la nature, Don Quichotte, le voyage intérieur.

Quand, après les repérages, Bartabas est parti tourner en Sibérie, tout devait être prêt. Rien ne l'était. La seule chose qui fonctionnait, c'était le portable satellitaire qui a permis à Bartabas de me prévenir : les techniciens n'avaient pas d'argent, ni pour manger, ni pour construire les décors. Les défraiements de Bartabas servaient à nourrir l'équipe. En fait, tout le matériel était bloqué à Moscou où le transporteur de l'avion-cargo avait décidé de tripler ses prix et refusait de faire décoller l'appareil. Il a fallu louer un avion de l'armée qui revenait du Vietnam pour acheminer le matériel. Cela a pris une semaine.

Tout ce qui était organisé à l'avance a échoué. Mille rennes avaient été rassemblés et gardés depuis plusieurs mois. Quelques jours avant le tournage, toutes les bêtes ont disparu. Ni l'armée, ni les hélicoptères ne les ont retrouvées.

Sans la hargne, l'énergie, l'inventivité de Bartabas, sa capacité de s'adapter aux circonstances, le film n'aurait pu se faire. Mais en dépit ou grâce aux contraintes de tous ordres, lui-même reconnaît avoir trouvé une liberté incomparable.

Plus récemment, en 2001, un scénario du documentariste Tareque Masud et de sa femme, Catherine, m'est parvenu par l'intermédiaire du ministère des Affaires étrangères. Le Bangladesh n'a pas, à ce jour, de production cinématographique exportable. *L'Oiseau d'argile* s'inspire de l'enfance du metteur en scène et montre les difficultés d'un jeune garçon envoyé par son père, musulman orthodoxe, dans une école religieuse islamiste où vont généralement les enfants des familles les plus pauvres. On voit se forger le fossé qui sépare les forces modérées et les extrémistes, sujet qui ne peut nous laisser indifférents. Si, comme je l'ai dit, un film ne peut, à lui seul, changer le monde, il peut changer la vie du réalisateur. Quand *L'Oiseau d'argile* a fait l'ouverture de la Quinzaine des réalisateurs à Cannes en 2002, où il a obtenu le prix de la presse internationale, il était interdit au Bangladesh. Aujourd'hui, non seulement la censure est levée, mais le gouvernement a décidé d'envoyer *L'Oiseau d'argile* représenter le Bangladesh aux Oscars d'Hollywood !

Postproduction

Un film doit être *porté* du début à la fin, de l'écriture du scénario à la sortie en salle en France et à l'étranger, jusqu'à sa diffusion sur les chaînes de télévision et à la production du DVD. Mais ce ne sont pas les mêmes équipes qui portent le film lors des étapes successives de sa vie, et il n'y a pas de formule toute faite. Mon expérience de distributeur et d'exploitant de salles m'a incité à ne pas dissocier les différentes étapes de la vie d'un film, faute de quoi, un bon film, même bien produit, peut rester inabouti, comme orphelin.

De nombreux éléments entrent en jeu dont la maîtrise, dès le tournage, a pour but de donner aux spectateurs l'envie d'aller voir le film. Le titre et, plus tard, la bande-annonce en font partie, bien sûr. Autre exemple, faut-il faire parler du film en invitant des journalistes à venir sur le plateau ?

La réflexion à propos de l'affiche commence aussi dès le tournage, même si celle-ci n'est finalisée qu'ultérieurement. À mes débuts, j'ai souvent sollicité des peintres comme Ernest Pignon Ernest, Gérard Fromanger ou Bernard Dufour. Ils ont réalisé plusieurs affiches dans la tradition des Beaux-Arts de Mai 68.

Pour l'affiche de *Sauve qui peut (la vie)*, Godard me disait qu'il n'avait aucune imagination et demandait qu'on lui propose des idées qu'il savait parfaitement remettre en place. Pour *La Fleur du mal*, le dernier film de Claude Chabrol, où il est question de trois générations d'une même famille, j'ai proposé que le photographe Jérémie Nassif compose une photo de famille pendant le tournage. Claude Chabrol a eu l'idée du décor lui paraissant refléter au mieux le contexte du film. Habituellement, cette recherche se fait sans le metteur en scène, consulté à la fin pour donner son accord. Seul Abbas Kiarostami, peut-être parce qu'il a lui-même une formation de plasticien, apporte des propositions personnelles, comme le graphisme de *Ten*.

L'affiche se compose par petites touches permettant d'équilibrer le titre, les obligations publicitaires, le sujet bien sûr, les couleurs... Je me souviens d'un producteur, à mes débuts, qui prétendait que toute affiche devait montrer une femme nue. Nous n'en sommes plus là, mais une image fausse peut couler un film. *A contrario*, une bonne affiche ne sauve pas un mauvais film ; au minimum, elle ne doit pas le desservir.

La date et les conditions de sortie jouent également leur rôle. C'est parfois un luxe de pouvoir attendre car certains contrats ne sont payés que quarante-cinq jours après la sortie en salle. Lorsque le producteur est très endetté, il a intérêt à sortir le film le plus vite possible. Or, un film est tributaire des autres productions qui sortent en même temps, l'espace critique dans les journaux et le nombre total des spectateurs n'étant pas extensibles.

Pour certains films, se pose la question des

festivals : faut-il les présenter et où ? Il y a bien sûr des films qui sont conçus en fonction des festivals, notamment Cannes à cause du marché international, ou de prix comme les Césars, qui lancent ou relancent le film. Quoi qu'il en soit, il faut décider si le film doit sortir au moment du festival ou plus tard.

Par exemple, *La Cérémonie*, de Claude Chabrol, est sorti fin août, quelques jours avant le festival de Venise où les deux actrices, Isabelle Huppert et Sandrine Bonnaire, ont été primées. Pour d'autres films, il est préférable d'attendre quelques mois.

Je suis également très attentif aux projections de presse qui déclenchent la bonne ou la mauvaise rumeur. Pour les films de Claude Chabrol, j'organise une seule projection de presse, un mois avant la sortie, le matin, dans une salle des Champs-Élysées. Pour Abbas Kiarostami, j'opte pour plusieurs petites projections au bureau, rue Traversière, où la salle ne peut accueillir plus de vingt personnes.

La campagne de publicité est organisée par le service de distribution, qui collabore avec une ou plusieurs agences, mais je place la distribution exactement sur le même plan que la production.

La campagne du *Bon Plaisir* a eu un énorme succès. Trois photos différentes des trois acteurs, Catherine Deneuve, Jean-Louis Trinti-

gnant et Michel Serrault, et un numéro de téléphone. Rien d'autre, pas même le titre du film.
Le standard diffusant les messages des trois
acteurs a explosé. L'affiche de *Poulet au vinaigre*
représentait Claude Chabrol découpant un poulet. *Mélo* a été lancé avec quatre affiches jouant
sur les quatre lettres du titre.

Les sorties de film peuvent paraître fort différentes les unes des autres mais elles ont un
point commun : il doit y avoir une relation juste
entre le coût du film et celui de la publicité.

La disproportion peut porter sur le nombre
de copies tirées (coût unitaire : mille à deux
mille euros) et le type de campagne de publicité. Un film surdimensionné apparaîtra comme
un échec s'il ne tient pas ses promesses. À l'inverse, un film peut apparaître comme un véritable succès, quel que soit le nombre des
entrées, au regard de la modestie de ses ambi-
tions. L'habit ne doit être ni trop grand ni trop
serré. Il est à choisir au moment de l'enfante-
ment et bien malin celui qui peut dire sans se
tromper quelle sera la taille du sujet adulte.

Les coûts de sortie d'un film ne cessent d'augmenter et grèvent les budgets de films dont les
entrées ne couvriront pas les frais. Actuellement, la Commission européenne fait pression
sur la France pour harmoniser les secteurs auto-
risés à faire de la publicité à la télévision. En
sont exclus, pour le moment, le livre, la presse,

le cinéma et la grande distribution. Le coût de ces publicités est tel que seuls ceux qui en ont les moyens y auront accès. En ce qui concerne le cinéma, les Américains y sont favorables, tout en expliquant que c'est en France qu'ils gagnent le plus d'argent car les coûts de sortie des films y sont plus raisonnables justement à cause de cette restriction. Le danger sera de creuser l'écart entre les distributeurs petits et moyens et les grandes multinationales, sans d'ailleurs être sûr de l'efficacité de la publicité télévisuelle sur ces produits.

Dans ce contexte, quand on produit des films avec peu de moyens, quelle que soit leur vocation commerciale, la sortie doit être intégrée à la production car elle relève du même cheminement de pensée : puisqu'on n'a pas les moyens d'occuper tous les espaces publicitaires dans la rue, dans le métro, sur les abribus, dans les journaux, comment faire autrement ? Que faut-il inventer pour arriver jusqu'aux spectateurs ? Comment transformer les contraintes ?

Éditeur de films

En 1985, Jean-Loup Passek, le fondateur du festival de la Rochelle, m'a rendu hommage au centre Georges-Pompidou. Sur le programme des quatre-vingt-treize films produits par MK2, j'avais fait inscrire « éditeur de films à Paris ». Cela indiquait ma volonté d'aborder le cinéma comme un éditeur devrait le faire : en découvrant et en faisant découvrir des langages nouveaux, des territoires inexplorés de l'écriture – ici l'écriture cinématographique.

Je ne me doutais pas que ce qui relevait alors de l'utopie deviendrait réalité au XXIe siècle avec le développement du DVD. Depuis 2000, et grâce à mon fils Nathanaël, le terme d'éditeur de films a pris tout son sens.

Le DVD est d'abord un nouveau support qui permet la restauration définitive des films. On peut retrouver la qualité initiale des images et des sons tels qu'ils avaient été conçus à l'origine et bénéficier d'une projection d'une qualité exceptionnelle. Ce n'était pas le cas des cassettes vidéo, dont la durée de vie était limitée.

Les suppléments qui accompagnaient les premiers DVD étaient assez pauvres : photos, bande-annonce, éventuellement documentaire sur le tournage du film. Très rapidement, avec l'édition de l'œuvre de François Truffaut, Serge Toubiana a réalisé, pour chaque film, un véritable travail éditorial, restituant le film dans l'histoire du cinéma et dans l'œuvre du cinéaste, éclairant de différentes façons le travail de création du metteur du scène. Après *Jules et Jim*, par exemple, on peut voir Truffaut parler de sa conception de l'adaptation dans une émission littéraire de Michel Polac. Pour l'édition de l'œuvre de Charles Chaplin, nous avons confié à dix metteurs en scène la réalisation d'un supplément de vingt-six minutes leur permettant de commenter les films. Des documents oubliés ont été retrouvés et restaurés, comme le film du frère de Chaplin sur le tournage du *Dictateur.*

Pour le DVD de *Ten,* j'ai demandé à Kiarostami une leçon de cinéma. Il m'a posé la question suivante : « Faut-il garder le mystère sur la fabrication du film ou le dévoiler ? » Je pense que nous sommes détenteurs d'un très grand pouvoir et que nous sommes confrontés au problème de sa transmission. Que peut-on transmettre ? Notre savoir. Donc notre pouvoir. Il faut absolument expliquer et transmettre. Réponse d'Abbas : « Je suis d'accord. Je vais retourner dans les rues de Téhéran et faire un film pour expliquer comment j'ai fait le film. » Nous devions partir aux États-Unis pour la projection de *Ten* au festival de New York. Son visa lui ayant été refusé par les autorités américaines, il est reparti immédiatement tourner à Téhéran.

Les « leçons de cinéma » qui suivent maintenant la plupart des films contemporains, notamment ceux de Claude Chabrol, répondent à ce souci de transmission.

L'édition de DVD se rapproche également de l'édition littéraire au sens où il est possible d'éditer une œuvre complète – Truffaut, Chaplin, Chabrol, Kieslowski, Kiarostami, bientôt Bresson et Resnais. MK2 éditions ambitionne d'être ce que « La Pléiade » ou d'autres types d'éditions complètes comme « Bouquins » représentent pour la littérature : une édition soignée, quasi définitive et pérenne avec un appareillage critique en images qui permet d'inscrire le cinéma dans l'histoire de l'art.

6

LE VENT NOUS EMPORTERA

« Le vent souffle où il veut. » Robert Bresson a choisi un court extrait de l'Épître de Jean (Jean III, 8) comme sous-titre d'*Un condamné à mort s'est échappé*. Cette phrase m'avait frappé quand j'étais jeune et je l'aime toujours parce qu'elle symbolise l'idée du hasard qui consiste – pour moi – à formuler un désir et à laisser la vie le concrétiser... ou pas. Avec les metteurs en scène qui m'attirent, j'essaie de créer les conditions d'une rencontre sans pour autant la provoquer.

Mes brèves rencontres avec Robert Bresson ne peuvent mieux illustrer la suite de la phrase de Jean : « Le vent souffle où il veut et tu entends sa voix, mais tu ne sais pas d'où il vient ni où il va. » Robert Bresson a justement utilisé ma voix dans *Au hasard, Balthazar*. J'ai passé quasiment une journée en studio à doubler un paysan courant après l'âne Balthazar en disant : « Le voilà. » Je l'ai dit cinquante, soixante, soixante-dix fois. « Le voilà. » « Le voilà. » « Le voilà. » C'était désigner l'objet de Dieu, si l'on peut dire. Bresson déclinait sa propre voix à travers ceux qu'il appelait ses interprètes. Il se multipliait, comme ça, à l'infini.

Beaucoup plus tard, j'ai failli produire un de ses films. Il cherchait de l'argent pour un scénario racontant l'histoire de deux jeunes filles en fugue faisant les pickpockets au casino de Monte-Carlo. Bresson ne voulait pas tourner ailleurs qu'à Monte-Carlo et je n'ai jamais pu obtenir l'autorisation de le faire : il n'y a pas de pickpocket à Monte-Carlo ! J'ai proposé d'autres casinos mais il a préféré abandonner le film plutôt qu'abandonner Monte-Carlo.

Vers la fin de sa vie, il voulait tourner la Génèse. Il m'a expliqué son projet avec passion mais n'a pas pu le concrétiser. Je viens de réaliser un rêve de jeunesse en rachetant les droits de *Pickpocket* et de *Jeanne d'Arc*, que j'ai traqués pendant des années.

Kieslowski

J'ai rencontré Krzysztof Kieslowski en décembre 1989. Il était à Paris pour assister à une réunion organisée par l'Académie du cinéma européen, dont je faisais partie. J'ai demandé à le rencontrer par l'intermédiaire de son agent. Il a accepté parce que j'avais produit *Au revoir les enfants*, de Louis Malle, qu'il aimait beaucoup. Il s'est passé quelque chose entre nous qui ressemble à un coup de foudre. Nous avons longuement parlé de morale, d'éthique, de philosophie, de politique. Pas de cinéma. C'est seulement vers la fin que je lui ai dit que j'aimerais produire un de ses films. Il avait un projet, compliqué, auquel il tenait beaucoup : une trilogie sur le thème « liberté, égalité, fraternité » qu'il appellerait « Bleu, blanc, rouge ». Je n'ai pas eu besoin d'en savoir davantage, j'étais prêt à le faire. Nos relations ont commencé et se sont poursuivies sur la parole donnée et l'envie de faire quelque chose ensemble. Il a d'abord tenu ses engagements envers le producteur à qui il avait promis un film, *La Double Vie de Véronique*, dont il est sorti totalement dépressif. Il était passé d'un pays où l'État le produisait, en lui offrant un certain confort, à des méthodes capitalistes. L'incompétence capitaliste est beaucoup plus rude que l'incompétence socialiste. Travailler à l'étranger l'angoissait beaucoup.

Nous avons signé un accord selon lequel il devait écrire un synopsis d'une vingtaine de pages pour chaque film. Il m'a apporté le premier, celui de *Bleu*, pendant le festival de Cannes où *La Double Vie de Véronique* était en compétition. Le synopsis était déjà totalement convaincant. Il souhaitait faire le film avec Isabelle Huppert, ce qui me convenait parfaitement. Toujours à Cannes, il voit *Malina*, de Werner Schroeter, qu'il déteste, où Isabelle Huppert joue le rôle principal. Il me dit alors qu'à cause de ce film il ne pourra pas travailler avec Isabelle Huppert et me demande de trouver une autre interprète. Je lui parle de Juliette Binoche, que j'avais déjà voulu engager pour le film d'Angelopoulos, *L'Apiculteur*, avec Marcello Mastroianni. Angelopoulos avait préféré une inconnue grecque, il avait raté Binoche. Mais j'avais gardé l'envie de la faire tourner.

Au début, Kieslowski la trouvait trop jeune. Il voulait une femme de trente ans. Elle ne les avait pas. Elle était en train de tourner un film avec Louis Malle à Londres. J'envoie Krzysztof à Londres la rencontrer. Prévenue par moi, Juliette lui montre une photo d'elle où elle paraît trente ans et arrive à le convaincre. Il écrit *Bleu* pour elle. Je vais voir son agent. En principe, l'accord était conclu. Un mois et demi avant le tournage, le contrat n'était toujours pas signé. Plus de nouvelles. J'appelle dix fois, quinze fois son agent, François Samuelson. Pas de réponse. Et j'apprends par des indiscrétions qu'il était en train de négocier avec Spielberg pour *Jurassic Park*. Cet agent trouvait plus inté-ressant pour la carrière de Juliette Binoche qu'elle tourne avec Spielberg plutôt qu'avec un réalisateur polonais encore peu connu du grand public. *Bleu* a failli ne pas se faire.

Tout en développant le scénario de *Bleu*, Kies-lowski m'a apporté les synopsis de *Blanc* et de *Rouge* car, dès le départ, il s'agissait de faire la trilogie dans la foulée. Ces trois films n'en font qu'un, même s'ils sont beaucoup plus longs qu'un seul. Cela posait un certain nombre de problèmes, et d'abord comment les sortir ? À quel rythme ? Comment maintenir l'intérêt du spectateur alors qu'il ne s'agit en rien d'une série télévisuelle ? J'ai proposé de m'appuyer sur certains festivals, en commençant par Venise puisque *La Double Vie de Véronique* venait d'obte-nir un prix à Cannes. Je préférais commencer par Venise puis Berlin et retourner à Cannes pour le dernier volet car les dates de finition des films correspondaient à celles des différents festivals. Tout cela était prévu dès le départ.

Nous avons également immédiatement abordé la question du budget. Avec environ trente millions de francs, je pouvais monter librement le film sans dépendre des chaînes de télévision ou du financement public. C'est ce que j'appelle le chemin de la liberté, qui a un coût. Ce coût ne peut pas être dépassé au risque d'entraîner des contraintes lourdes qui deviennent des couperets. Autour de trente millions de francs, j'ai une marge de liberté puisque je peux utiliser mes fonds propres et prendre des risques sans couler ma boîte. Je peux assurer au metteur en scène que le film commencera à la date prévue quels que soient les aléas du financement. Kieslowski, comme les autres grands metteurs en scène, avait un sens très aigu de la liberté, surtout après ses années passées derrière le rideau de fer.

Kieslowski avait l'idée de faire des films européens. Est-ce que le cinéma européen existe ? Peut-on le faire exister ? La réponse à la première question est non. Le cinéma européen n'existe pas. L'Europe, si. Quelle est sa signification culturelle ? La thématique liberté-égalité-fraternité ou *Trois couleurs* était une thématique européenne dans la mesure où ces notions ont permis de faire émerger les démocraties, en particulier celles des pays de l'Est. J'ai toujours pensé que ceux qui pouvaient exprimer au mieux l'idée de l'Europe étaient des gens de la Mitteleuropa, entre Varsovie et Vienne. D'où mon appel plus tard à Michael Haneke pour lui passer commande d'un film traitant de l'Europe, *Code inconnu.*

Kieslowski pensait qu'un film devait avoir une durée d'une heure et demie, une heure trente-cinq, pas davantage. Il prévoyait de commencer par une maquette d'environ deux heures et demie qu'il réduirait, par étapes successives, à une heure et demie. Habituellement, il faisait huit montages pour y parvenir, ce qui était déjà très précis et vraiment intéressant.

Nous discutions beaucoup du scénario. Cette histoire – universelle – se passait en France mais aurait pu se passer ailleurs. On utilisait la langue française mais on aurait pu tourner en Angleterre ou même aux États-Unis. Le point de départ était un accident d'auto au cours duquel une femme perd son enfant et son mari. Dans le scénario initial, parce que c'était la France, des rôles et des situations secondaires montraient la France telle que les cinéastes étrangers l'imaginent. C'était un peu à côté de la plaque. Je le lui ai expliqué et il a coupé. Dans tous les scénarios, je mène une chasse à l'anecdote. Toutes nos séances de travail ont fait l'objet de comptes-rendus détaillés ou d'une correspondance quand il était absent.

Quand les trois scénarios ont été prêts, il a fallu monter les trois films en peu de temps. Toutefois, ne pouvant proposer trois films d'un coup aux différentes institutions, j'ai dû le faire sur deux ans en prenant des risques financiers importants.

Pour constituer les équipes, l'expérience de *Mélo* a joué à plein bien que le contexte soit fort différent. En effet, les techniciens devaient s'engager au minimum presque un an, voire, pour certains, deux ans, deux ans et demi. Qu'allaient-ils apporter au film, comment pourraient-ils intégrer l'univers de Kieslowski en l'aidant et non pas en étant contre lui. J'avais repris la liste de tous les techniciens avec lesquels il avait déjà travaillé. Lui-même ne voulait plus de certains. En revanche, il en avait demandé d'autres. Par exemple, l'ingénieur du son, que je ne connaissais pas. Après discussion, je n'étais pas du tout convaincu. Krzysztof cherchait une sorte de collaborateur de création qui l'aide à trouver une véritable écriture sonore en participant au mixage, ce qui est très rare. D'habitude, trois personnes différentes interviennent : l'ingénieur du son, le monteur et le mixeur. Je sentais que cet ingénieur du son n'avait pas envie de cela. Pour un technicien de cinéma, être pris plus d'un an, c'est se couper de tous ses clients et courir le risque de se retrouver au chômage. Je suis arrivé à convaincre Krzysztof qu'il fallait en choisir un autre. Quand il n'avait pas d'argument, il me faisait confiance mais il était terriblement inquiet. Je savais que si je me trompais, je perdrais sa confiance. J'ai contacté l'ingénieur du son d'*Au revoir les enfants*, Jean-Claude Laureux, qui a accepté avec enthousiasme et a accompli un travail exceptionnel. Il a pris des risques importants car ses metteurs en scène habituels ont effectivement, entre-temps, changé d'ingénieur du son.

Pour *Bleu*, j'avais engagé un créateur de costumes réputé. Curieusement, il m'a apporté des costumes qui étaient un pléonasme par rapport à l'histoire : Juliette Binoche était habillée en héroïne des pays de l'Est ! Krzysztof n'avait aucun sens des vêtements, en particulier ceux des femmes, puisqu'il arrivait d'un pays où la mode avait peu pénétré. J'interviens beaucoup sur les costumes et les décors. D'abord parce que j'aime ça. Ensuite, le costume date le film. Là aussi, il est essentiel d'éviter l'anecdote. Quand je rencontre une chef costumière pour la première fois, je lui dis : « Pour moi, il y a un très beau costume, c'est le T-shirt et le jean d'*Une partie de campagne*. En regardant ce film aujourd'hui, vous avez l'impression qu'il a été tourné hier. Il est immuable. » Dans *Les Valseuses* – excellent film de Bertrand Blier – Depardieu et Dewaere portent des pantalons pattes d'éléphant. Ça date horriblement. Si ces deux acteurs portaient des jeans normaux, comme ceux d'*Une partie de campagne*, le film resterait totalement moderne.

Les costumes de *Bleu* étaient datés. N'arrivant pas à le faire comprendre à ce costumier, j'ai dû lui dire d'arrêter. Krzysztof a accepté, malgré l'estime qu'il lui portait. Juliette s'est habillée simplement, hors mode.

Pour *Rouge*, j'ai repris la costumière d'*Au revoir les enfants* parce qu'il y a justement un défilé de mode. Comment faire un défilé de mode qui ne se démode pas ? Un vrai casse-tête. D'autres metteurs en scène acceptent les intrusions dans le costume : Claude Chabrol par exemple. Au moment du tournage de *L'Enfer*, les jeunes femmes portaient des chaussures à talons compensés qui rappelaient celles des années 1940, où elles n'étaient pas nées. Je demande à vérifier tous les costumes. Je vois les essais d'Emmanuelle Béart avec les fameuses chaussures. Elle semblait être sur des échasses alors qu'elle a des jambes superbes. Elle trouvait ça très bien et ne voulait pas changer. J'ai mis du temps à m'expliquer avec elle et à lui dire que je ne voulais pas de ces chaussures qui ne la rendaient pas désirable. Argument de choc ! Les chaussures à talons compensés ont duré à peine une saison. Avec Isabelle Huppert, je demande aussi à voir les costumes mais elle y est encore plus attentive que moi.

J'ai aussi beaucoup travaillé sur les décors de *Bleu*. Des problèmes très particuliers se posaient à cause de la couleur bleue. Cette sorte d'univers bleu, blanc, rouge était partie prenante de l'histoire : la couleur et le sentiment.

Dans chaque film, Krzysztof traitait des institutions : le palais de justice, les hôpitaux, les cimetières, les prisons, les églises. Quand il tourne à Paris, il ne montre pas la tour Eiffel. Il choisit ses décors à partir de ces piliers institutionnels. Tout cela contribue à une réflexion sur ce que peut être un cinéma européen.

Krzysztof avait des exigences précises. Il voulait avoir trois opérateurs différents, tous polonais, correspondant à trois styles. Il les a eus. Il souhaitait avoir le musicien avec qui il a toujours travaillé, Zbigniev Preisner. Pour les autres techniciens, c'était à moi de choisir.

Arrive le premier jour de tournage de *Bleu*. Kieslowski était méfiant. Il ne savait pas encore très bien comment tourner en Occident. Par exemple, il était exaspéré par la nécessité de s'arrêter à l'heure du déjeuner. On ne peut pas faire travailler une équipe française sans une pause à l'heure du déjeuner. En Pologne, il y a un car où tout le monde peut venir chercher à manger à n'importe quel moment de la journée. J'ai mis longtemps à lui expliquer qu'on ne change pas les habitudes alimentaires d'une équipe française. Mais ça cassait son rythme. Ça le rendait vraiment malade. Le premier jour, j'ai essayé d'obtenir que les équipes sautent le déjeuner, sans succès. Nous tournions dans un hôpital, à soixante kilomètres de Paris. Le tournage a commencé à neuf heures, s'est terminé à trois heures du matin et devait reprendre le lendemain matin ! Le directeur de production est venu me voir à ce moment-là, catastrophé. J'explique à Kieslowski, après avoir parlé à son agent, les lois françaises. On ne peut pas travailler plus de huit heures d'affilée. Au-delà, les techniciens sont payés en heures supplémentaires. Mais le vrai problème n'était pas là. Nous tournions loin de Paris et une grande partie des techniciens avaient pris leur voiture pour rentrer. Ils étaient épuisés et auraient pu avoir un accident sur la route. La responsabilité de cet accident aurait été la mienne et aussi la sienne. Assumait-il cette responsabilité ? Après un silence, il m'a répondu : « Vous avez raison. Ça ne se reproduira plus jamais. Je vais aller m'excuser auprès d'eux. » J'ai dit : « Non. Je ne souhaite pas que vous alliez vous excuser. Je veux simplement régler cette affaire entre nous parce que cette responsabilité-là, je pense que ni vous ni moi n'en voulons. »

J'avais abordé le problème d'un point de vue moral et non financier : il n'y a plus jamais eu d'heures supplémentaires. Je crois que c'est à partir de là que sa confiance en moi a crû. Lui raconte une autre anecdote dans un livre publié en Angleterre. À la fin de *Rouge*, les personnages principaux des trois films se retrouvent sur un ferry qui fait naufrage. Ils sont sains et saufs. Cette scène finale a été tournée dès le début sur le bassin de Genevilliers. Je me rends compte, au début de la prise, que le bateau est immobile alors qu'il était censé faire naufrage dans une tempête. Je me mets à remuer tout seul le bateau. Krzysztof n'avait pas repéré ce problème. Évidemment, il a ensuite demandé à plusieurs personnes d'agiter le bateau. J'avais, quant à moi, oublié cette histoire.

Rouge se déroulait en Suisse. Kieslowski hésitait entre la Suisse et la Belgique, et je l'ai beaucoup poussé à tourner en Suisse. Le fait qu'on parle quatre langues dans ce pays – le français, l'allemand, l'italien et le romanche – était intéressant. La loi suisse était également plus proche du scénario que les lois belge ou française. Le juge, joué par Jean-Louis Trintignant (sa fille Marie l'avait vivement engagé à accepter), était plus crédible en Suisse. Sur le tournage, on parlait français, polonais, anglais et allemand par traducteurs interposés. Une tour de Babel européenne.

L'opérateur choisi pour *Rouge* était un très grand professionnel. Je m'étais renseigné et j'avais su qu'il buvait beaucoup. J'hésitais. J'en parle quand même à Krzysztof. Il me dit : « J'en prends la responsabilité. Je pense qu'il a décidé d'arrêter de boire. Tout va se passer correctement. » Le film commence. Tout se passe bien. Arrive le tournage d'un plan avec un mouvement de grue difficile à régler. On m'appelle en me disant : « Gros problème. Notre ami opérateur s'est vraiment saoulé la gueule au point de tomber de la grue. Il est quasiment dans le coma. » Coma éthylique. Je consulte Krzysztof qui me dit : « C'est vous qui prenez la décision.

Je comprends très bien que vous souhaitiez que je change d'opérateur. J'ai pris un engagement. Je n'ai pas pu le tenir. » J'ai demandé quand il allait sortir de l'hôpital. Trois jours. J'ai pris la décision d'attendre. Le remplacer, c'était le tuer. Krzysztof a passé les trois nuits à l'hôpital. L'opérateur a repris. Il n'a plus touché une goutte d'alcool. Cela a scellé ma relation avec Kieslowski.

Les trois films ont été tournés en français, sauf la partie polonaise, tournée en polonais. Ils ont été vus au cinéma par quatorze millions de spectateurs dans le monde entier, ce qui n'est pas négligeable pour la diffusion de la langue française. Ils ont été primés partout... sauf en France. Quand *Bleu* a été présenté au festival de Venise, il a obtenu cinq prix dont le Lion d'or et le prix d'interprétation féminine pour Juliette Binoche. Aux Césars, à Paris, le film était nominé pratiquement dans toutes les catégories. Juliette Binoche a eu le prix d'interprétation féminine mais aucun polonais n'a obtenu de césars : ni le metteur en scène, ni le coscénariste, ni l'opérateur qui a fait, depuis, une carrière mondiale, ni le musicien... Alain Resnais, qui n'avait pas obtenu de césars pour *Mélo* (contrairement aux acteurs), a été primé cette année-là pour *Smoking, no smoking*.

Bleu n'a pas été envoyé aux Oscars d'Hollywood par la France. D'ailleurs, aucun des films que j'ai produits, de Chabrol à Kieslowski, n'a été sélectionné par la France aux Oscars. *Une affaire de femmes* avait raflé tous les prix de la presse américaine à New York, Boston et Los Angeles. Le film a été nominé aux Golden Globes (prix de la presse étrangère à Los Angeles) mais n'a pas été envoyé aux Oscars. L'année de *La Cérémonie*, c'est *Gazon maudit* qui a été choisi pour représenter la France.

Rouge a été sélectionné à Cannes en 1994. J'y présentais également le film du roumain Lucian Pintilie, *Un été inoubliable*. Abbas Kiarostami était aussi dans la compétition avec *À travers les oliviers*.

Je pressentais l'importance de Kiarostami, que j'avais présenté à Kieslowski. Ils se ressemblaient. L'Iranien et le Polonais, tous deux cachés derrière leurs lunettes. Beckett aussi portait des lunettes. Mais quand ils les enlèvent... Kieslowski avait de grands yeux clairs très délavés. Beckett, aussi. Et Abbas de très beaux yeux marrons. Deux K. Le même poids des mots, la même intensité, la même force intérieure.

La Palme d'or du jury, dont les présidents étaient Catherine Deneuve et Clint Eastwood, a été attribuée à *Pulp Fiction*, de Quentin Tarantino.

J'ai fait une déclaration très vive, disant que cette Palme d'or symbolisait la victoire de la barbarie sur l'humanisme. *Pulp Fiction* et *Rouge* représentent deux approches de l'homme diamétralement opposées. *Pulp Fiction* recèle des scènes de violence intolérables, inexcusables. *Rouge* traite de justice, d'amour, de problèmes humains. J'ai été choqué et blessé par cette affaire, Krzysztof aussi.

Rouge a été envoyé aux Oscars par la Suisse mais refusé par les Américains : pour eux, c'était un film français. Le film était apatride : ni français, ni suisse, ni polonais ! Que se passe-t-il alors aux États-Unis ? Une pétition des plus grands acteurs et cinéastes américains (Sean Penn, Robert de Niro, Martin Scorsese...) adressée à l'académie des Oscars, s'élève contre le refus de sélectionner *Rouge* comme film étranger. Il obtient en outre trois nominations aux Oscars américains cette fois (c'est également le cas pour *Amélie Poulain* puisque les Américains peuvent décider de faire concourir des films étrangers dans leur propre sélection) : meilleur réalisateur, meilleur scénario, meilleure photo.

Nous nous retrouvons donc à Los Angeles, aux Oscars, assis entre Sylvester Stallone et Jodie Foster, mais sans prix. Cela n'a pas empêché le film de connaître un énorme succès public aux États-Unis.

À son retour à Paris, Kieslowski a confirmé ce qu'il avait déjà déclaré à Berlin : il ne voulait plus faire de cinéma. Il projetait cependant d'écrire une nouvelle trilogie sur l'enfer, le paradis, le purgatoire et désirait que de jeunes réalisateurs en assurent la mise en scène. Les conditions du contrat, dictées par Kieslowski, étaient les suivantes : « Il faut que ces réalisateurs soient choisis d'un commun accord entre vous et moi, que les acteurs soient choisis d'un commun accord, que les techniciens soient choisis d'un commun accord, qu'on soit d'accord sur le montage. Celui qui dit non a un droit de veto. » Une situation totalement impossible. Je ne pouvais pas trouver un réalisateur qui accepte que le film soit conçu par Kieslowski et par moi. Kieslowski a admis que, si on ne trouvait pas de réalisateur, il pourrait envisager de réaliser les films lui-même. Il m'a apporté la trentaine de pages du premier scénario, dont nous avons longuement discuté. Le 13 mars 1996, il est mort sur une table d'opération. J'avais essayé de le faire soigner à Paris mais il a tenu à être opéré en Pologne. Il était en train de refaire une trilogie.

Après la mort de Kieslowski, je n'ai plus eu envie de produire. J'en ai voulu pendant longtemps aux institutions françaises de l'avoir rejeté. J'étais en deuil. Je n'étais plus porté par l'enthousiasme qui permet de produire. J'avais perdu un double, d'une certaine façon. J'étais vraiment livré au silence.

Kiarostami

Dans les années 1990, un Iranien, Mamad Haghigha, est venu me montrer *Close Up*, de Kiarostami. J'ai éprouvé le même choc que face à Rossellini, Bresson ou Kieslowski. Il fallait que je travaille avec lui.

C'était l'histoire d'un pauvre bougre de Téhéran, mythomane, qui se faisait passer pour un metteur en scène très connu en Iran, Makhmalbaf. Je ne connaissais pas Kiarostami et très peu Makhmalbaf, dont j'avais vu le premier film bien longtemps auparavant. Mamad me présente Kiarostami, de passage à Paris. Là aussi, le charme opère immédiatement. Il m'a raconté une, deux, trois histoires, m'expliquant qu'il n'écrivait jamais de scénario mais prenait ces récits comme point de départ. J'étais totalement séduit et lui dis que j'aimerais produire un de ses films. Kiarostami était très amical mais très méfiant : « On verra. »

Pendant ce temps, j'ai demandé à rencontrer Makhmalbaf. Je vois *Salam Cinéma*, que j'achète immédiatement. À l'époque, Makhmalbaf et Kiarostami étaient très liés. En attendant Kiarostami, j'ai produit les films de Makhmalbaf, *Gabbeh, Un instant d'innocence, Le Silence* et celui de sa fille Samira, *La Pomme*.

J'ai attendu Kiarostami six ans, peut-être même sept. Le lendemain du jour où il a reçu la Palme d'or à Cannes pour *Le Goût de la cerise* en 1997, il est venu me voir à Paris et m'a demandé si je voulais produire son prochain film.

Abbas passe régulièrement à mon bureau me raconter des histoires auxquelles je dois être très attentif car ce sont des films potentiels. À la façon dont je réagis, il voit si l'histoire peut fonctionner ou pas. Il m'en raconte généralement deux ou trois. Au début, les récits étaient brefs car il restait assez méfiant. Mais je réagissais et il écoutait.

Parfois il écrit deux pages puis décide d'aller tourner telle ou telle histoire. Par exemple *Le vent nous emportera* : un journaliste se rend dans ce village perdu du Kurdistan iranien où les gens attendent la mort d'une centenaire, qui ne vient pas. Kiarostami part, revient et m'appelle : « Voilà. Le film est terminé. » Il attend l'avis du premier spectateur que je peux représenter pour lui. Je lui soumets un certain nombre de critiques. Il repart. Deux semaines après, il me montre une autre version tenant compte de mes remarques.

J'ai parfois le sentiment de revivre certaines histoires formulées autrement. Au festival de Venise, Abbas Kiarostami a reçu le prix spécial du jury pour *Le vent nous emportera*, en 1999. Il a déclaré qu'il était très content de ce prix mais qu'il ne présenterait plus de films dans les festivals. Il pensait qu'il fallait laisser la place à des metteurs en scène plus jeunes. Une démarche similaire à celle de Kieslowski.

Arrive *Ten*. Abbas Kiarostami me dit : « Je tiens énormément à ce film. Maintenant, ce n'est plus mon film, c'est le vôtre. Il faut que vous vous en occupiez. C'est à vous. » Grosse responsabilité. Comment sortir ce film ? Immédiatement, le problème de le présenter dans un festival se pose : le film est difficile et seul un festival comme Cannes peut lui donner un écho mondial. Hors compétition ou en compétition ? Certes, Abbas avait déclaré qu'il n'irait plus en compétition mais quand je lui posai la question, il me répondait : « C'est à vous de décider. Je vous ai confié le film. Maintenant, ce n'est plus mon film. C'est le vôtre. Ce que vous ferez sera bien. » Évidemment, il ouvrait une brèche. J'ai pris l'avis de quelques personnes et j'ai décidé d'envoyer le film à Cannes, en compétition. Je ne pensais pas pour autant qu'Abbas revenait sur sa parole. Il n'avait plus rien à prouver, mais il savait également que pour faire vivre le film, lui donner ses chances, il fallait lui donner un maximum d'écho. Il m'a renvoyé la responsabilité, comme Kieslowski l'avait fait. Si ce dernier avait vécu, j'aurais probablement pris la responsabilité de lui faire tourner sa trilogie.

Kiarostami est aussi un très grand photographe. Ses œuvres ont été exposées à la galerie de France, ainsi qu'aux États-Unis. Plusieurs musées parmi les plus prestigieux ont acheté ses photos. Je produis également ses œuvres de vidéaste. Étant donnée l'importance de ce créateur, j'essaye de créer des liens horizontaux avec d'autres artistes. Quand *Le vent nous emportera* est sorti, Christian Boltanski venait de montrer une exposition à Paris, passionnante, très dure, tranchant avec son travail antérieur. Des sculptures noires. Des formes noires dans le noir total. J'ai souhaité qu'il voie ce film pour lui donner envie d'introduire la couleur. Je lui ai fait rencontrer Kiarostami par la suite.

À la projection de *Ten*, j'ai invité de jeunes artistes vidéastes afin qu'ils comprennent où en était quelqu'un comme Abbas. Là réside aussi mon rôle de producteur. Être un passeur entre différentes formes de création.

7

TERMINUS PARADIS

La transformation rapide et radicale des rapports de force dans l'industrie de l'audiovisuel remonte très précisément à l'après-chute du mur de Berlin. Deux autres facteurs s'y sont adjoints : la mondialisation de l'économie, qui avait commencé antérieurement mais qui a pris là toute sa mesure, et la mondialisation des moyens de communication. On a peu parlé de la mondialisation des moyens de communication liée aux deux autres facteurs. Elle passe par de nouvelles technologies : satellites, câble, télévision numérique permettant la création de nouvelles chaînes dans un marché mondialisé.

Pour comprendre la situation, il faut retracer à grands traits l'évolution de la production cinématographique aux États-Unis.

À ses débuts, ce sont des rigoristes protestants

qui tenaient les cinémas. Que produisaient-ils ? Des films reflétant une société hautaine, méprisante, raciste, inégalitaire. Après la Première Guerre mondiale, les immigrés débarquent, fuyant l'Europe, survivants des ghettos, des pogroms. Ils découvrent des valeurs qu'ils ne connaissaient pas, la liberté, la démocratie. Ils pouvaient réussir s'ils avaient du talent et s'ils travaillaient beaucoup. Et ils ont réussi.

Quel cinéma produisent-ils alors ? Un cinéma à la gloire des idées démocratiques. On commence à y voir des Noirs, non plus esclaves mais citoyens libres ; on voit des films de genre sur tous les milieux sociaux.

Jusqu'aux années 1960, hormis l'épisode du maccarthysme, la richesse du cinéma américain était liée au pluralisme des studios. Ceux-ci finançaient cent à cent cinquante films par an. Tous les genres étaient représentés, de la comédie musicale au western en passant par le policier et le drame psychologique. Dans cette abondance et cette diversité, les talents pouvaient éclore.

L'arrivée de la télévision a engendré deux conséquences : la chute des entrées en salles et une crise des studios, car les *networks* se sont mis à produire eux-mêmes, entrant en concurrence directe avec les studios.

Dans les années 1970, les lois antitrust ont sauvé les studios en imposant la séparation de la diffusion et de la production : en tant que diffuseurs, les *networks* ne pouvaient plus produire. Les studios renaissent mais sous une autre forme : les fondateurs ont été écartés ou les studios repris par des groupes financiers. Au lieu de produire beaucoup de films en espérant que quelques-uns auront du succès, les moyens financiers se sont alors concentrés sur un nombre restreint de films, dont la production est quasi standardisée car l'erreur coûte très cher.

Vers la fin des années 1980, deux phénomènes se conjuguent qui auront pour conséquence un changement profond du contenu du cinéma américain : la mondialisation de la diffusion *via* la multiplication à l'infini des chaînes de télévision, et la chute du mur de Berlin, qui symbolise la disparition d'antagonismes idéologiques – ceux-là mêmes qui nourrissaient bon nombre de scénarios, des westerns aux James Bond en passant par les films policiers. Les sources de financement du cinéma ont basculé à nouveau vers les télévisions tandis que le monde lui-même changeait assez brutalement.

La télévision a d'autres impératifs. Financées par la seule publicité, les chaînes privées doivent toucher très rapidement un public beaucoup plus large, de façon plus efficace. Or la quasi-disparition des antagonismes idéologiques entraîne un changement profond du contenu des films, particulièrement perceptible dans le traitement de la violence. On ne peut y être indifférent, car, à partir du moment où le cinéma américain est dominant dans le monde entier, son contenu devient, qu'on le veuille ou non, un instrument de propagande.

Depuis la chute du mur de Berlin, les méchants se cachent à l'intérieur même du système américain. Les nouvelles cibles sont les institutions américaines : président pourri, flics pourris, juges pourris, justice pourrie, lois pourries. Le héros, justicier solitaire, combat toute cette pourriture sans aucune retenue, avec toutes les armes possibles. C'est le monde de *Rambo* ou du *Justicier dans la ville*, où Charles Bronson venge sa femme au bazooka et au lance-flammes. Dans *Pulp Fiction*, de Quentin Tarantino, gangsters minables, drogués et fous font éclater des cervelles en se marrant. L'atteinte à l'intégrité corporelle n'a plus de limite, l'interdit fondamental « Tu ne tueras point » est transgressé au service du spectacle, banalisé sans retenue. Mais surtout, cette violence n'est jamais sanctionnée. Il n'y a plus ni lois, ni justice, ni sanctions. Il n'y a plus de ligne jaune.

La violence existe depuis toujours dans les productions humaines, dès l'Ancien Testament ou les tragédies grecques. Mais l'homme en sortait grandi ou puni, riche de quelque savoir. Le cinéma, du fait que les spectateurs s'identifient au héros, doit s'imposer certaines contraintes quand il montre la violence. Si on laisse croire que la transgression est non seulement autorisée mais glorifiée puisqu'elle n'est plus sanctionnée, il ne faut pas s'étonner que les plus faibles finissent par s'inspirer de ces héros toutpuissants dans leur vie quotidienne. Or, dans la vie, il faut bien sanctionner. C'est, à mon sens, une bonne raison de ne pas accepter ce type de films que, pour ma part, je me refuse à produire. J'ai refusé *Sailor et Lula*, sachant pertinemment qu'il allait faire un malheur à Cannes – où il a effectivement reçu la Palme d'or – et avoir un grand succès public : j'ai trouvé le sujet insupportable. On ne peut pas vivre après la Shoah sans se poser le problème de la représentation de la violence, celui du respect de l'intégrité du corps et de la sanction.

Parallèlement, il existe un autre type de cinéma, dont Julia Roberts pourrait être l'égérie : le politiquement correct, très proche de la devise « Travail, famille, patrie », où il est hors de question de traiter de sujets comme l'avortement ou la peine de mort.

L'ordre moral et la glorification du héros individuel luttant contre une société pourrie et faisant justice lui-même sans aucune limite sont constitutifs d'une pensée d'extrême droite. Voilà la situation du cinéma américain dominant.

L'Europe sans protection

La diversité était et demeure la force du cinéma européen. Mais cette diversité était l'apanage de petits entrepreneurs prenant des risques, aimant le cinéma et trouvant leurs ressources dans les salles et auprès du public. En Europe comme aux États-Unis, le développement des télévisions a entraîné une désaffection spectaculaire des salles de cinéma. En France, le nombre des spectateurs est passé de 200 millions en 1982 à 113 millions en 1992.

Tant qu'il existe un service public, l'État peut mener une stratégie issue d'une réflexion sur les missions de ce service public. Et quand l'État autorise ou ne peut empêcher la création de télévisions privées, il doit avoir une réflexion bien plus poussée sur son devoir d'actionnaire, l'intérêt général, l'idée de service public. Cela n'a pas été le cas, alors même que certains bouleversements étaient relativement prévisibles. On voyait poindre la constitution de groupes de taille mondiale, suivant l'idée selon laquelle plus on est gros et mondialisé, plus on a de chances de survivre. Les mieux placés étaient les Américains puisqu'ils détenaient à la fois les moyens industriels de fabrication des images, les moyens financiers et les techniques de diffusion mondiale.

Les États européens *via* l'Europe disposent

aussi de moyens d'action. Quels sont-ils ? Leurs services publics sont présents partout, or jamais leurs interventions n'ont été coordonnées. Les États européens mettent beaucoup de choses en commun mais dans l'audiovisuel, c'est chacun pour soi, hormis la petite tentative Arte. On voit à quel point les hommes politiques européens ont négligé l'importance de l'audiovisuel qui est aux États-Unis la première industrie exportatrice (ou la seconde selon les années) avant l'armement, l'aéronautique ou l'industrie pharmaceutique. Hollywood est en relation directe et permanente avec la Maison Blanche. En Europe, les politiques ne s'intéressent à l'audiovisuel qu'à la veille des élections. À aucun moment l'audiovisuel n'a été considéré comme un enjeu important pour la politique européenne, un contre-pouvoir face à la politique américaine.

La mondialisation des moyens de communication signifiait que les pays européens, un par un, allaient céder la maîtrise du contenu et de sa diffusion aux Américains. Prenons l'Italie, exemple d'autant plus frappant que ce pays produisait un des meilleurs cinémas du monde. Les chaînes privées de Berlusconi arrivent dans les années 1984-1985 et détruisent tout sur leur passage. Berlusconi met en déficit la balance commerciale italienne pendant deux ou trois ans pour cause d'achats massifs de films et de téléfilms américains. Je rappelle au passage que le cinéma (ou l'audiovisuel) est un lieu de blanchiment d'argent extrêmement efficace et il intéresse évidemment beaucoup de gens douteux. Pourquoi n'y a-t-il plus de cinéma italien ? Parce que la multiplication des chaînes a eu pour conséquence immédiate une chute brutale, verticale, des entrées en salles. Par quoi est-il remplacé ? Par des images américaines.

La première fois que j'étais allé à Hollywood, j'avais été frappé par l'absence de lieux de mémoire. On y recréait un univers pouvant convaincre le monde entier. Une image blanche sur laquelle on dépose des sentiments venus d'ailleurs, images sans mémoire pouvant être diffusées dans le monde entier.

Le phénomène Berlusconi s'est reproduit dans tous les autres pays d'Europe, bien que les Anglais aient tenté une approche différente. Les chaînes privées ont été mises à contribution pour créer Channel Four, intitulée initialement « chaîne des minorités ». Channel Four est une chaîne privée, subventionnée par des fonds privés, mais avec des obligations de service public. Et pour prendre un autre exemple, la BBC fonctionne sans publicité.

En 1986, la France avait le choix entre le modèle italien et le modèle anglais. Je disais à l'époque que Berlusconi était un personnage proche de l'extrême droite. Je comprenais mal le soutien que lui apportaient les socialistes et les amis du gouvernement socialiste. L'alliance entre Jérôme Seydoux, Christophe Riboud et Berlusconi pour la création de la cinquième chaîne me paraissait contre-nature. Berlusconi représentait le libéralisme pur et dur, le bas de gamme, la rentabilité à court terme, les programmes américains, le *prime time* occupé par des émissions de plateau de bas étage.

De leur côté, les chaînes anglaises marchaient très bien. Pourquoi choisir Berlusconi ? Il était possible de s'appuyer sur l'exemple anglais et l'améliorer plutôt que de choisir l'exemple italien, désastreux notamment pour le cinéma. Avant les élections de 1987, Mitterrand a déclaré : « Il faut des télévisions libres. » Il a permis la création de Canal+ et, dans la foulée, a annoncé l'ouverture de deux autres chaînes privées. Mitterrand avait su placer la culture au cœur de la politique comme de Gaulle l'avait fait avec Malraux. Choisir Berlusconi revenait à mettre le commerce, ou le marché, au cœur de la politique. Ce virage à 180 degrés a marqué, je crois, le début des années noires de la politique française. Mitterrand a choisi Berlusconi avec empressement. Je suppute des intrigues politiques complexes que l'on connaîtra peut-être un jour entre Berlusconi, Craxi et Mitterrand. Que s'est-il passé au juste ?

Quoi qu'il en soit, ce choix était un désaveu

cinglant de la politique culturelle que Jack Lang avait menée jusque-là avec succès.

Danger pour la démocratie

La chute du mur de Berlin est à la fois une victoire et une faillite de la démocratie. Une victoire de la démocratie sur les systèmes totalitaires. Mais aussi une faillite car personne n'a été capable d'anticiper la suite : n'ayant plus d'ennemi à l'extérieur, n'ayant plus à s'appuyer fortement sur des principes démocratiques pour combattre un système totalitaire, il fallait mener une réflexion sur la démocratie qui devait désormais se nourrir d'elle-même. Cela était d'autant plus important que, pour des raisons bien différentes, le communisme et la religion catholique étaient en perte de vitesse. Or, ceux-ci jouaient un rôle important dans ce que l'on peut appeler l'éducation populaire. La télévision s'est engouffrée dans ce vide idéologique, elle s'est attribué tous les rôles, y compris celui d'assurer l'éducation ou la culture populaire. D'où l'importance des services publics dans les pays européens et en particulier en France : Peut-être auraient-ils dû se différencier des chaînes privées au lieu d'entrer en concurrence avec elles sur les mêmes terrains ?

Curieusement, l'expérience prouve que la

subversion peut s'accommoder des commandes d'État. Même dans les pays du bloc soviétique, un certain nombre de cinéastes arrivaient non seulement à survivre mais aussi à créer, en subvertissant le système de l'intérieur : en Pologne, Kieslowski, en Russie, Tarkovski et Paradjanov pour ne citer qu'eux, même s'ils n'ont pas tourné beaucoup et dans des conditions horriblement difficiles. Il y avait un grand cinéma dans les pays de l'Est, en Hongrie, en Tchécoslovaquie, en Pologne, en Russie. Cinéma qui a disparu du jour au lendemain quand le Mur est tombé.

En revanche, le système capitaliste des télévisions privées est impossible à contourner. Les règles sont beaucoup plus perverses que celles du système d'État, y compris celui des États totalitaires. Pourquoi ? Parce qu'il n'y a pas de contre-pouvoir à un commanditaire unique mondial. Même si on a affaire en apparence à plusieurs commanditaires – MGM, Universal, Warner, Paramount, Bertelsmann ou Murdoch – ils ne sont pas si nombreux et ils ont tous le même objectif : la rentabilité, la nécessité de payer leurs dettes, eux qui ont beaucoup emprunté pour devenir les plus gros du monde et casser la tête du voisin. Quand on n'adhère pas à ces critères, on est exclu. À moins de trouver des zones autonomes de création qui ne sont plus du tout dans les mêmes rapports financiers, on disparaît. C'est une véritable guerre qui s'engage, moderne, nouvelle, dont on ne connaît pas encore toutes les données. Elle pose en tout cas la question de la démocratie face à une loi du plus fort qui risque évidemment de prévaloir.

Erreur stratégique

Au lieu de commencer par construire et asseoir une force d'intervention européenne qui fasse contre-pouvoir, on a basculé dans une idée totalement mégalomaniaque : aller conquérir l'endroit le mieux « protégé » du monde, Hollywood. Il suffit d'assister à la soirée de remise des Oscars pour se rendre compte qu'il s'agit d'un village fortifié qui ne laisse entrer aucun étranger. Mais les Américains ont besoin de nourriture ; ils ont besoin d'argent. Quand on leur apporte ce dont ils ont besoin, ils le prennent. Une fois dépouillé le gogo, ils le jettent. Ils ont toujours agi ainsi ! Ces dernières années, le Crédit lyonnais, avec la MGM, en a fait les frais le premier. Les Français l'ont payé, très cher. Paretti est l'homme d'affaires italien qui a racheté le groupe Pathé puis la MGM avec l'argent du Crédit lyonnais. Je pense – sans preuve – que Paretti était un homme de Berlusconi et que, derrière cette opération, ce dernier avait placé des proches.

J'ai passé un an de ma vie en 1988 à faire le tour des ministères pour expliquer que la présence de Paretti, aidé par le Crédit lyonnais, représentait, si l'on se donnait la peine d'analyser les enjeux politiques sous-jacents, une véritable tentative de déstabilisation.

Les Américains ont continué avec les Japonais ; Sony a racheté Columbia, et Matsuchita a repris Universal. Sony s'en est sorti de justesse, Matsuchita a été liquidé. Ils ont continué avec Canal+ qui, petit bras, a essayé de faire des affaires là-bas : pertes phénoménales. Bouygues s'y est essayé aussi : pertes phénoménales. Dernières pertes abyssales, dues à deux personnes, Kirch et Messier. Les dettes et la faillite de Kirch sont liées, entre autres, aux achats de films américains destinés à nourrir ses propres chaînes en Allemagne. L'exemple le plus récent est celui de Messier. L'histoire était écrite. D'entrée de jeu, la chute de Vivendi était prévisible.

Mais revenons un peu en arrière. En ce qui concerne Canal+ en France, la situation était d'autant plus folle que ce sont les Américains qui avaient besoin des Français et non l'inverse. Quand André Rousselet, alors président de Canal+, est allé tenter sa chance aux États-Unis, je l'ai averti qu'il allait au casse-pipe. Il n'a évidemment pas écouté. L'idée était d'assurer une alimentation constante en films par un accès direct au territoire américain. Or, les Américains ont besoin d'exporter à tout prix leur production. Jusqu'en 1995 environ, 60 % des revenus couvrant le coût des films se faisaient sur le territoire américain et 40 % à l'étranger. Actuellement, les chiffres sont inversés : 60 % à l'étranger, 40 % sur le territoire américain. Les exportations sont donc vitales pour la survie de leur industrie cinématographique. Les pays qui rapportent le plus ne sont ni la Russie, ni ceux d'Afrique. C'est évidemment l'Angleterre, la France, l'Allemagne, l'Espagne et l'Italie. La France était peut-être le plus gros marché, en tout cas celui qui rapportait le plus d'argent. Et ce marché connaît une situation unique au monde : une chaîne, Canal+, a le monopole de la télévision cryptée. Elle paie très bien à la mesure de son succès et du nombre de ses abonnés. Quel était le danger pour Canal ? Aucun. Il fallait renverser la situation et dire : « Si vous voulez continuer à exporter, on va discuter aussi des avantages que *vous* nous accordez, à nous, pour exporter nos produits chez vous. » Il fallait contre-attaquer : donnant-donnant. Quand j'en ai parlé à André Rousselet, il m'a ri au nez. Non seulement Canal n'a rien négocié mais les pertes ont été colossales. André Rousselet en est entièrement responsable. Il a été suivi par d'autres.

Le prix de l'indépendance

Au moment où une partie du cinéma européen sombre, MK2 entre en crise. Jusqu'au début des années 1990, j'avais vécu grâce au cinéma européen. Je connaissais très bien les réseaux de réalisateurs, de producteurs, de vendeurs. Grâce à la maison de production des principaux cinéastes allemands, Film Verlag, j'ai pu diffuser du cinéma allemand. J'ai aussi montré des films italiens. J'ai remis sur le devant de la scène, en les diffusant en France, ce qu'il restait des cinéastes anglais. Tout cela représentait une de mes sources de revenus essentielles en production comme en distribution. De très grands groupes audiovisuels se constituaient. Si MK2 restait isolé, je prenais le risque d'être éliminé ou racheté à court terme en perdant mon identité. J'ai pensé vendre mais je n'en avais pas envie. J'ai donc cherché à m'appuyer sur un groupe en restant maître de mon destin.

Dès 1986, alors que j'étais à l'époque le premier distributeur français, j'ai reçu deux propositions américaines. Paramount et Warner. La Warner me proposait de faire trois à cinq films pour eux, très bien payés. Il y avait des pages et des pages sur tout ce à quoi ce contrat me donnait droit. Un billet de première classe sur telle ligne aérienne et pas sur telle autre, des chambres quatre étoiles dans un certain nombre de villes dans le monde et des chambres trois étoiles ailleurs... J'avais droit à des défraiements pour tous mes déplacements. Mais on ne disait rien sur le type de films qu'il fallait que je produise. Parallèlement, la Warner était intéressée par MK2. La discussion s'est engagée pendant le festival de Cannes avec mon directeur de l'époque, Alain Goldman. La Warner nous a donné rendez-vous dans le nouveau port de Cannes, un simple numéro sur le quai, difficile à trouver. Nous nous sommes dirigés vers le plus gros bateau. À bord, nous étions quatre : deux dirigeants de la Warner, Alain Goldman et moi. Il y avait quinze ou vingt marins pour jeter l'ancre entre deux îles. Progressivement, au cours de la discussion, je me suis dit que je ne serais jamais de ce monde-là. Warner ne serait jamais actionnaire minoritaire dans MK2. Ce bateau était trop grand. Nous étions trop petits.

Un bateau-taxi est venu nous chercher. Nous sommes montés sans penser à enlever nos chaussures. Le chauffeur nous interpelle avec hargne : « Vous auriez pu retirer vos grolles ! » Cette phrase a été décisive : j'ai rompu les négociations avec la Warner et remis les pieds sur terre ! Toutefois, en 2002, nous nous sommes associés pour la production de DVD dans de très bonnes conditions. C'est mon directeur actuel, Philippe Aigle, et mon fils, Nathanaël, qui ont mené ces négociations.

Ayant renoncé à vendre MK2 aux Américains, j'ai dressé la liste des groupes français ou européens : Lagardère, la CLT, les différentes chaînes de télévision, Canal éventuellement. Mais aucun n'aurait souhaité être minoritaire. Seul restait le groupe Havas, holding possédant une culture de contenu puisque issue de la publicité, contrairement aux autres groupes qui étaient avant tout des diffuseurs. Havas détenait déjà 20 % de Gallimard. Me prenant pour Gallimard ou essayant d'imiter Gallimard, je rencontre Pierre Dauzier par l'intermédiaire de quelques amis, en particulier Philippe Labro. Havas est entré en tant qu'actionnaire minoritaire chez MK2. En contrepartie, MK2 devenait son lieu de développement et de recherche. Pierre Dauzier était parfaitement conscient qu'une industrie comme le cinéma devait disposer de lieux de développement et de recherche, ce qui était très intelligent de sa part. Actuellement, le cinéma est la seule industrie au monde qui n'en dispose pas. L'État tente d'assumer ce rôle, pas les industriels. J'aidais également Havas à restructurer son pôle audiovisuel.

Par ailleurs – c'était le début des télévisions par satellite – j'avais proposé la création de trois chaînes, Justice, Santé, Savoir, financées à 50-50 par Havas et MK2. J'ai demandé à Jean Stock, à l'époque directeur général de la CLT aux États-Unis, de nous rejoindre chez MK2. Il a eu l'idée

171

de tester ces chaînes en « grandeur nature » à Angers, ville utilisée par tous les publicitaires pour tester leurs produits. Tant qualitativement que quantitativement, nous arrivions juste derrière RTL9, qui était la chaîne de tête devant Paris Première ou Eurosport. À notre grande surprise, la chaîne la plus demandée était la chaîne Justice alors que nous misions sur la chaîne Santé. Vient le moment de trouver un diffuseur. Nous allons d'abord trouver Canal, puisque Havas en était actionnaire. Nous expliquons à Pierre Lescure que nous devons être inclus dans l'abonnement dit « basique », puisque ces chaînes s'apparentaient, par leurs thèmes, à des chaînes de service public. Lescure répond qu'il n'y a pas de place, ce qui était faux. Nous allons voir TPS, qui voyait là un piège dans la mesure où Havas était actionnaire de Canal. Dans l'idéal, il aurait fallu être sur les deux plate-formes. Lescure et Thoulouze ont torpillé le projet. Car le fameux « On n'a pas de place » s'est soldé, six mois après notre abandon forcé, par la création sur l'abonnement basique du « Forum des débats », qui reprenait largement nos idées. Responsables : Pierre Lescure et Michel Thoulouze.

Pierre Dauzier me demande un jour mon avis sur le projet qu'avait la Générale des eaux d'absorber Havas. Je l'ai mis en garde : « Je ne connais pas Messier mais méfiez-vous, il risque

de vous broyer. Est-ce que vous êtes sûr de résis-
ter et de pouvoir rester autonome ? » Il le pensait. Au bout de quelques mois, il était balayé
par Jean-Marie Messier.

Je me suis retrouvé avec un changement non
pas d'actionnaire mais d'interlocuteur. J'avais
rencontré Messier une seule fois dans ma vie. Il
n'était encore que directeur général de la Générale des eaux.

J'avais beaucoup d'amitié pour le très cinéphile président précédent, Guy Dejoigny, que
j'avais connu dans les années 1986-1987. J'étais
alors opérateur de la CED (Compagnie européenne des droits), dont Suez était le principal
actionnaire. On était venu me proposer l'ensemble des droits de la Columbia pour les pays
de langue française. Aux États-Unis, à l'époque,
tout était à vendre : les Artistes associés, la
MGM, la Columbia. Il était possible soit de
revendre ces droits en faisant des bénéfices
considérables, soit de les conserver en attendant
le développement des chaînes par satellite,
consommatrices de films. Posséder des droits
représente un pouvoir considérable. Leur coût
était modique au regard du nombre de films et
de leur qualité : 150 millions de dollars. Suez,
seul, ne pouvait pas se lancer. Je suis allé voir
Robert Lion, à la Caisse des dépôts, qui en avait
les moyens. Suez et la Caisse des dépôts auraient
pu faire l'opération. Ils ont refusé pour des rai-

sons de conflits d'egos car d'autres équipes s'occupaient des droits à la Caisse des dépôts et ne voulaient pas qu'un peu de pouvoir leur échappe. Une absence réelle de vision de la part de Robert Lion. Jean Peyrelevade m'a conseillé de rencontrer Guy Dejoigny et Ambroise Roux.

J'ai d'abord rencontré Guy Dejoigny, avec qui j'ai parlé trois heures durant. Il a refusé en me disant qu'il n'avait pas de stratégie et qu'il ne voyait pas pourquoi il conclurait cette affaire plutôt qu'une autre. Mais j'ai continué de lui rendre visite régulièrement. Ambroise Roux, lui aussi, a refusé. Deux mois plus tard, Sony a racheté la Columbia. Les droits francophones ont été comptabilisés à 450 millions de dollars.

La politique française en matière d'audiovisuel est intéressante à observer : à la même époque, on a vu se succéder le plan câble, le plan satellite. Ces investissements d'origine publique extrêmement coûteux se concentraient toujours dans les tuyaux, jamais dans le contenu. Là, il s'agissait d'un contenu qui aurait pu alimenter les tuyaux. Personne n'en a voulu.

Revenons à mon unique rencontre avec Messier. C'était au moment de la grande grève qui a bloqué Paris en décembre 1995. Il m'avait invité à déjeuner par l'intermédiaire d'une amie commune, Valérie Bernis, présidente actuelle de Paris Première. J'arrive avec une heure de retard. Il me reçoit dans la salle à manger de

Dejoigny. J'étais assez mal à l'aise de voir cet homme dans les meubles de l'autre. Messier n'a cessé de poser des questions et de prendre des notes. Très agaçant. En sortant, j'étais tenté de lui envoyer une note d'honoraires comme le fait un avocat ou un conseil. Je me suis retenu mais je l'ai regretté !

La Générale des eaux est arrivée au pouvoir chez Havas fin 1997. Éric Licoys a remplacé Pierre Dauzier. Notre rendez-vous a été bref. Éric Licoys m'a dit : « Je rencontre tous les présidents des sociétés dont nous sommes actionnaires. J'ai deux questions à vous poser. Première question, êtes-vous rentable ? » La réponse était oui, confirmée par son directeur financier qui siégeait au conseil d'administration de MK2. « Deuxième question. Nous n'avons pas vocation à rester minoritaire dans quelque société que ce soit. Est-ce que vous accepteriez de nous céder, dans des conditions à débattre, votre majorité ? » Je m'attendais un peu à cette question, mais elle est tombée de façon brutale. J'ai temporisé en mettant en avant le risque d'abus de position dominante. Ça a duré un quart d'heure. En toute amabilité. Licoys est brutal dans le contenu, pas dans la forme. En sortant, j'étais dans un tel état de rage que j'ai emplafonné ma voiture contre un des piliers du parking. Un rendez-vous qui m'a coûté doublement cher... Je me suis dit qu'il fallait que je trouve d'urgence les moyens de racheter mes participations. Un accord avec Pierre Dauzier me permettait de le faire au cas où Havas changeait de majorité ou de propriétaire. J'ai pu faire jouer cette option de rachat. J'ai été sauvé par Jean Peyrelevade qui m'a fait un prêt *via* le Crédit lyonnais.

Mais ce n'est pas tout : j'avais demandé un crédit vendeur sur six mois. Le contrat devait être signé en juin et je devais payer en décembre. Le jour de la signature, le responsable juridique, défait, vient dire à mon avocat, Jean Veil, que l'accord concernant le crédit vendeur n'était pas accepté, ce qui signifiait que je devais payer immédiatement. Ils essayaient de me coincer : j'avais une date limite de rachat au-delà de laquelle mon option tombait. Grâce à Peyrelevade, j'ai pu payer immédiatement. S'il me fallait une preuve, je la tenais : dans ce système, il est impossible de maintenir son indépendance. Individuellement, ces gens sont tout à fait fréquentables. Dans le système, ils sont sans pitié.

Politiquement positif

Pour essayer de me faire entendre efficacement, j'ai accepté, chaque fois qu'on me le proposait, des postes officiels. À la demande de Jack

Lang et Pierre Bérégovoy, j'ai présidé en 1992 une commission du Plan intitulée : « Création culturelle, compétitivité et cohésion sociale ». L'axe de réflexion de cette commission, rassemblant des représentants de toutes les professions culturelles, s'organisait autour de la problématique suivante : nous étions en train de basculer vers une commande unique et mondiale dans un système où la diffusion primait sur la production. Les commanditaires d'œuvres d'art ont toujours existé, qu'il s'agisse du pape, du doge de Venise, des Médicis ou de François Ier. Quand on n'était plus très heureux à la cour du pape, on changeait de commanditaire. Ils demandaient parfois des œuvres de propagande, ils attendaient que l'artiste peigne l'histoire des saints ou, plus tard, celle de Staline. Mais pas toujours. Ils étaient parfois aussi grands amateurs d'art et laissaient les artistes s'exprimer librement.

Face à la position dominante des États-Unis, les États européens pris individuellement sont extrêmement affaiblis dans toute une série de domaines – la politique étrangère, la défense ou encore l'économie. Ils disposent cependant d'un certain nombre de points forts dont ils peuvent faire de véritables contre-pouvoirs. J'ai tenté de développer une idée *a priori* assez étrange : comment faire en sorte qu'un pouvoir en France puisse faire office de contre-pouvoir face aux États-Unis ? D'un côté, nous sommes forts, de l'autre, nous sommes des nains de jardin. L'État comme contre-pouvoir peut encore s'exprimer dans la culture, l'éducation et la santé.

La commission du Plan souhaitait prévoir et proposer à l'ensemble des ministères des objectifs culturels pour les cinq ans à venir. Quand je relis le rapport aujourd'hui, j'ai la satisfaction de voir que nous avions anticipé et proposé des solutions à la majorité des problèmes qui se sont posés ces dix dernières années ; mais force est de constater qu'en pratique, presque aucune recommandation n'a été suivie. Qu'on en juge : pour l'essentiel, nous proposions de tempérer le poids des diffuseurs en menant une politique de la concurrence dans le domaine des industries culturelles, au niveau national et communautaire, notamment en veillant aux abus de position dominante. Il s'agissait aussi de mieux protéger la propriété littéraire et artistique en prévision de l'explosion d'Internet, mais aussi de moderniser la taxe sur la reprographie et de créer un droit de location et de prêt dans les bibliothèques.

Nous proposions également d'investir davantage dans la production de programmes plutôt que de concentrer l'effort sur les technologies et, dans le même esprit, de donner priorité aux projets des collectivités locales (lieux de répétition pour les jeunes par exemple) plutôt qu'aux infrastructures lourdes de type opéra Bastille.

Nous réaffirmions deux niveaux de priorité pour l'Éducation nationale : former à la maîtrise de la langue et rester un lieu de promotion du livre et de l'écrit, et intégrer plus et mieux les nouveaux vecteurs culturels dans la formation. Nous proposions enfin de moderniser les formes d'intervention de l'action culturelle en France et à l'étranger, d'expérimenter de nouveaux modes de gestion pour le financement de certains établissements culturels, d'évaluer les politiques culturelles et de rendre les résultats publics.

Ce rapport a été largement diffusé et même remarqué. Je l'ai remis personnellement à Jack Lang bien sûr, puis à Jacques Toubon ; ensuite, à Philippe Douste-Blazy puis à Catherine Trautmann. Avec Catherine Tasca, j'ai baissé les bras.

Or, je pense que ce qui distingue aujourd'hui la droite de la gauche, ce n'est ni la politique économique, ni la politique étrangère, ni la politique intérieure. C'est la culture. La gauche devrait se montrer capable de mettre la culture au cœur de la politique et non à la périphérie. Quand elle perd cette capacité, la gauche n'existe plus.

Je le constate tous les jours en discutant avec des responsables de gauche. Ils n'ont plus rien à foutre de la culture !

En 1997, je suis allé à l'Élysée à la demande de Jacques Chirac lui présenter un film de Claude Chabrol, *Rien ne va plus,* avec Michel Serrault et Isabelle Huppert. C'était une projection plus que privée. En prenant un verre autour d'un buffet, Jacques Chirac vient vers moi, bavarde quelques instants et me dit : « Notre vraie différence avec la gauche, c'est que nous ne sommes pas bons dans le domaine culturel. La culture est une force. Comment est-ce qu'on peut s'améliorer ? » Il mettait le doigt avec perspicacité sur *la* différence.

La même année (1997), la ministre de la Culture de Lionel Jospin, Catherine Trautmann, était chargée de préparer une loi sur l'audiovisuel. C'était l'occasion ou jamais d'essayer de faire passer quelques idées. Je l'ai rencontrée au ministère grâce et avec Michel Rocard. J'avais demandé à Jean Peyrelevade, le président du Crédit lyonnais, de m'accompagner car je n'avais pas de crédibilité économique. J'ai défendu l'idée selon laquelle il fallait séparer l'audiovisuel des marchés publics. Cela concernait Vivendi environnement et Canal+, TF1 et Bouygues, Suez et M6. Ce cumul, qui n'existe qu'en France, est doublement pernicieux. Il l'est d'abord pour l'entreprise de communication : au lieu de se concentrer sur une seule activité déjà très large, les sources de financement sont confondues alors que les activités sont sans rapport – l'eau et l'audiovisuel, les travaux publics et l'audiovisuel. Le cumul est aussi pernicieux pour les citoyens étant données les relations étroites, inévitables mais pas toujours saines, existant entre les marchés publics et les hommes politiques. Le contenu de l'audiovisuel ne peut être lié à la politique sans menacer la démocratie à plus ou moins long terme. Il était par exemple choquant que, dans chaque commune de France, on utilise de l'eau Vivendi, on ouvre sa télé et on consomme de l'image Vivendi, on prenne un transport Vivendi, on téléphone Vivendi, on se fasse hospitaliser dans une clinique Vivendi puis enterrer par les pompes funèbres Vivendi !

Première remarque de Catherine Trautmann, prévisible car je connaissais le système de lobbying mis en place par Vivendi : « Les marchés ne pourront pas supporter la séparation de l'eau et de l'audiovisuel, et l'audiovisuel risque de tomber dans des mains étrangères. » Elle brandit la menace Murdoch. Les articles de journaux de l'époque étaient pleins de la « menace Murdoch ». Quand ce n'était pas Canal, c'était TF1 qui était menacé de passer sous la coupe de Murdoch. D'où l'intérêt pour moi de la présence de Jean Peyrelevade expliquant avec autorité, démonstration à l'appui, que le marché avait, à l'époque, parfaitement les moyens de supporter la séparation des activités de ces groupes. Ce qu'avançaient certains constitutionnalistes sur l'impossibilité légale de demander la séparation des activités était discutable, nous-mêmes avions consulté d'autres juristes : des possibilités tout à fait légales existaient de demander à ces groupes de se séparer d'une de leurs activités, au choix, en prenant un certain temps. Nous avons senti une écoute polie mais pas convaincue de la part de Catherine Trautmann.

En sortant, nous nous sommes dit qu'il fallait aller voir ailleurs. J'ai demandé un rendez-vous à Matignon avec le directeur de cabinet adjoint de Jospin, Jean-Pierre Jouillet, et le conseiller technique qui s'occupait des problèmes culturels, David Kessler. Je tiens à rendre hommage au courage et à la détermination de Jean Peyrelevade car ces prises de position n'entraient pas véritablement dans ses attributions et auraient pu lui être reprochées. Et nous avons recommencé notre démonstration. En mieux, à mon avis ! Pourtant, même sentiment de totale impuissance, si ce n'est qu'en sortant David Kessler m'a dit : « Est-ce que vous pensez que Jean Peyrelevade accepterait la présidence de France Télévision ? Il nous faut des gens comme lui. »

Cinq ans plus tard, quel est le bilan de l'absence de décision gouvernementale ? Vivendi a quasiment ruiné deux entreprises et tous ses actionnaires. À commencer par la Générale des eaux. Pendant des années, l'argent du pôle environnement a servi à financer les développements extravagants, incontrôlés et incontrôlables de Messier dans le spectacle. Le pôle environnement, qui était rentable, est maintenant à genou. L'idée – excellente – que Canal+ devienne une entreprise européenne est morte pour cause de gestion catastrophique. Murdoch est venu, en sauveur, racheter Canal en Italie et ce n'est pas terminé. Tout cela ayant coûté vingt-deux milliards de francs d'avantages fiscaux accordés par l'État socialiste à Monsieur Jean-Marie Messier, ainsi que me l'a confirmé un haut fonctionnaire au ministère des Finances en poste sous Laurent Fabius. Quand il était au faîte de sa gloire médiatique, je pressentais le désastre économique mais je n'avais pas les moyens de le démontrer. J'ai fait part de mon sentiment à un proche – analyste financier – ayant les compétences pour analyser les comptes de Vivendi Universal. Une lecture attentive de ceux-ci permettait de déduire que cette société était dans une situation catastrophique. Quelques jours plus tard, j'ai alerté un collaborateur de Claude Bébéar pour l'inciter à regarder le dossier de plus près.

TF1 a également pâti de ses liens avec Bouygues, mais d'une autre façon. Étant donnée sa prédominance, la chaîne aurait dû, elle aussi, connaître un développement européen voire international. Elle a été affaiblie par les difficultés de Bouygues. L'argent de TF1 a servi au développement de Bouygues.

L'ensemble de l'audiovisuel français et en particulier le cinéma vit sans doute aujourd'hui sa crise la plus grave. Les choix gouvernementaux en sont largement responsables mais ils sont rarement mis en cause.

Dans le gouvernement actuel, Jean-Jacques Aillagon tient des propos parfois plus qu'évidents pour tous les citoyens français : la télévision publique ne remplit pas son rôle de télévision publique, son niveau culturel est proche de zéro, elle est à la remorque de TF1. Pour permettre au service public de se redresser, il faut qu'il dépende moins de la publicité, ce qui implique d'augmenter la redevance. Une telle mesure serait dans l'intérêt général de ce pays. Pourtant, des députés de droite comme de gauche défendent, au contraire, la suppression de cette taxe au lieu d'engager un travail pédagogique un peu courageux avec les Français. Sous réserve, bien entendu, que cela soit suivi d'effets. Dans l'état actuel du service public, même en augmentant la redevance, les gens se sentiront floués s'ils ne voient pas rapidement la différence à l'écran. On dit que le coût de la collecte de la redevance avoisine les huit cents millions de francs. Ceux-ci pourraient être injectés dans des programmes si la redevance était prélevée automatiquement avec la taxe d'habitation, comme cela a été proposé.

Aux États-Unis, pendant ce temps, se développe une vraie machine de guerre qui n'est perçue comme telle ni par la France ni par l'Europe.

Transformer un terrain vague en jardin

En 1980, après *Sauve qui peut (la vie)*, Jean-Luc Godard s'est installé quelques mois rue Traversière, dans les bureaux de MK2, pour y créer ce qu'il appelait des « ateliers de cinéma ». Ces bureaux sont eux-mêmes d'anciens ateliers d'artisans. Godard est reparti en Suisse mais son idée est restée : donner la priorité au contenu, dont la fabrication ne peut être qu'artisanale si l'on veut que des créateurs s'y révèlent. Je le répète, la structure industrielle qu'il a fallu développer doit s'adapter au contenu, le servir, et non l'inverse. Certes, la taille a changé mais le projet reste le même : en 1974, le 14-Juillet Bastille accueillait en moyenne deux mille spectateurs par semaine. Aujourd'hui, les salles MK2 constituent le troisième groupe parisien de salles et le premier réseau d'art et d'essai de

France. Elles accueillent trois millions et demi de spectateurs par an. J'ai ouvert quatorze nouvelles salles, dans le XIIIe arrondissement, au pied de la Bibliothèque nationale de France, quartier auquel on ne prédisait pas un grand avenir il y a encore deux ou trois ans. J'y applique les mêmes principes que lors de la création des premières salles : promouvoir une autre façon d'aller au cinéma par l'architecture, l'accueil, les restaurants, les passerelles avec d'autres formes d'expression artistique, la musique, le DVD, les livres, la photographie, le design, la sculpture... Le système de diffusion dans ses moindres détails est d'abord au service des œuvres et des spectateurs, tout en respectant les normes de rentabilité.

Les films produits par MK2, que l'on peut qualifier de prototypes, se sont vendus dans le monde entier, et les centaines de films distribués ont pu bénéficier de structures de diffusion adaptées à leur contenu. De même, les documentaires produits par MK2TV, par exemple « La saga du Crédit lyonnais », diffusée par Arte à huit heures et demie du soir pendant toute la semaine, démontrent que l'on peut toucher un million de spectateurs tous les soirs. Les portraits d'écrivains suivent la même voie.

En rachetant le catalogue des films de Charles Chaplin après celui de François Truffaut et d'autres encore, en sortant ces films en salles comme s'il s'agissait de films nouveaux, en éditant les DVD, je pense contribuer à montrer que le cinéma est un art à part entière : de la même façon que des artistes comme Manet, Matisse et Picasso sont exposés périodiquement dans les plus grands musées mondiaux, on peut revoir en salle des films anciens dans de bonnes conditions avec une presse qui soutient cette initiative. Le DVD apportera à chaque film, à chaque auteur, ce que les livres d'art ou les catalogues raisonnés apportent aux peintres ou aux sculpteurs.

Les conditions de sortie du *Dictateur* ne révèlent pas moins une coupure culturelle des plus inquiétantes : alors que le film marche très bien dans les grandes villes, les entrées sont quasi insignifiantes en banlieue, là où la télévision et les films américains sont les seules références culturelles.

Il existe des possibilités de résistance individuelle à la mondialisation culturelle, mais elles resteront insuffisantes si elles ne sont pas relayées par une résistance collective des citoyens et de l'État.

Parfois, j'imagine que je suis comme le héros de *Vivre*, de Kurosawa. Ce petit fonctionnaire apprend qu'il lui reste six mois à vivre. Il commence par essayer de profiter des plaisirs de la vie puis décide de mettre toute son énergie à faire aboutir un seul des dossiers dont il a la charge : transformer un terrain vague en jardin.

Films produits, coproduits et/ou distribués par MK2 entre 1974 et 2002

1974

ATTICA, Cinda Firestone
LE CHACAL DE NAHUELTORO, Miguel Littin
LA TERRE PROMISE, Miguel Littin
LE COURAGE DU PEUPLE, Jorge Sanjines
QUAND LE PEUPLE S'ÉVEILLE, réalisation collective du « Front des travailleurs révolutionnaires du cinéma latino-américain ».
FOUS À DÉLIER, Silvano Agosti, Marco Bellocchio, Sandro Petraglia et Stefano Rulli
SEPT JOURS AILLEURS, Marin Karmitz
CAMARADES, Marin Karmitz
COUP POUR COUP, Marin Karmitz
VOYAGE EN GRANDE TARTARIE, Jean-Charles Tacchella

1975

L'ENNEMI PRINCIPAL, Jorge Sanjines
LA BATAILLE DU CHILI, Patricio Guzman et
Chris Marker (1973)
T'AS PAS CENT BALLES ? (Brother can you spare a
dime ?), Philippe Mora (1973)
VIVA PORTUGAL, Malte Rauch, Christiane
Gerhards, Samuel Schirmbeck et Serge July
SOUS LES PAVÉS LA PLAGE, Helma Sanders

1976

LE SOUPÇON, Francesco Maselli
ICI ET AILLEURS, Jean-Luc Godard
LE GRAND SOIR, Francis Reusser

1977

NOUA, Abdelaziz Tolbi
EMITAI, Ousmane Sembene
L'ESPRIT DE LA RUCHE, Victor Erice
NEUF MOIS, Márta Mészaros
LES ENFANTS DU PLACARD, Benoît Jacquot
PADRE PADRONE, Paolo et Vittorio Taviani
BAXTER VERA BAXTER, Marguerite Duras

1978

BARBEROUSSE (reprise), Akiro Kurosawa
L'AMOUR VIOLÉ, Yannick Bellon
VIOLENTA, Daniel Schmid
PROMENADE AU PAYS DE LA VIEILLESSE, Marianne Ahrne
L'ANGOISSE DU GARDIEN DE BUT AVANT LE PENALTY, Wim Wenders
LA FEMME GAUCHÈRE, Peter Handke
SAFETY LAST / HOT WATER (rep.), Harold Lloyd

1979

SIMONE DE BEAUVOIR, J. Dayan / M. Ribowska
MARTIN ET LÉA, Alain Cavalier
MAIS OÙ EST DONC ORNICAR, B. Van Effenterre
LE COUTEAU DANS LA TÊTE, Reinhard Hauff
RASHOMON (rep.), Akira Kurosawa
LE NAVIRE NIGHT, Marguerite Duras
LE CHAGRIN ET LA PITIÉ, Max Ophuls
L'IMPÉRATRICE YANG KWEI FEI (rep.), Kenji Mizoguchi
L'ÉTRANGE AMOUR DE MARIA BECKER, Marianne Ahrne
LA TROISIÈME GÉNÉRATION, Rainer W. Fassbinder
LE RÉPONDEUR NE PREND PLUS DE MESSAGE, Alain Cavalier
LA GRANDE BOUFFE, Marco Ferreri

LA LETTRE ÉCARLATE, Wim Wenders
LE NEVEU SILENCIEUX, Robert Enrico
LA RACE D'EP, L. Soukaz / G. Hocquenghem
ALICE DANS LES VILLES, Wim Wenders
FAUX MOUVEMENT, Wim Wenders
AU FIL DU TEMPS, Wim Wenders
LE SALON DE MUSIQUE, Satyajit Ray
HESTER STREET, Joan Micklin Silver
LA VEDETTE, Reinhard Hauff

1980

LE CHEMIN PERDU, Patricia Moraz
VIVRE (rep.), Akira Kurosawa
SIMONE BARBÈS OU LA VERTU, Marie-Claude Treilhou
LE PRÉ, P. et V. Taviani
LE SAUT DANS LE VIDE, Marco Bellocchio
LE TROUPEAU, Yilmaz Güney
EXTÉRIEUR NUIT, Jacques Bral
SAUVE QUI PEUT (LA VIE), Jean-Luc Godard
LA RUE DE LA HONTE (rep.), Kenji Mizoguchi

1981

L'OR DANS LA MONTAGNE (rep.), Ermanno Olmi
C'EST LA VIE, Paul Vecchiali
L'IDIOT (rep.), Akira Kurosawa
JAM DOWN, Emmanuel Bonn
SAN MAO LE PETIT VAGABOND (rep.), Zhao Ming

L'ANNÉE DES TREIZE LUNES, Rainer W. Fassbinder
REGARDS ET SOURIRES, Ken Loach
L'OMBRE ROUGE, Jean-Louis Comolli

1982

MUR MURS / DOCUMENTEURS, Agnès Varda
LES ANGES DE FER, Thomas Brasch
QU'EST-CE QUI FAIT COURIR DAVID? Elie Chouraqui
MOURIR À TRENTE ANS, Romain Goupil
INTERDIT AUX MOINS DE TREIZE ANS, Jean-Louis Bertucelli
SWEET MOVIE, D. Makawejev
YOL, Serif Gören, scénario Yilmaz Güney
LA NUIT DE SAN LORENZO, P. et V. Taviani
FEMMES DE LA NUIT (rep.), Kenji Mizoguchi

1983

TRAVAIL AU NOIR, Jerzy Skolimowski
LE MYSTÈRE PICASSO, Henri-Georges Clouzot
DANS LA VILLE BLANCHE, Alain Tanner
LE MUR, Yilmaz Güney
AUTOUR DU MUR, Patrick Blossier
LA FEMME DU CHEF DE GARE, Rainer W. Fassbinder
LE DIEU NOIR ET LE DIABLE BLOND, Glauber Rocha
ANTONIO DAS MORTES, Glauber Rocha

LA JAVA DES OMBRES, Romain Goupil
LES TROIS COURONNES DES MATELOTS, Raoul Ruiz
LA TRAGÉDIE DE CARMEN, Peter Brook

1984

LE BON PLAISIR, Francis Girod
MEURTRE DANS UN JARDIN ANGLAIS, Peter Greenaway
ALLONSANFAN, P. et V. Taviani
LOCAL HERO, Bill Forsyth
LA FÊTE DE GION, Kenji Mizoguchi
EL (rep.), Luis Bunuel
1984, Michael Radford

1985

KAOS, P. et V. Taviani
HEIMAT, Edgar Reitz
POULET AU VINAIGRE, Claude Chabrol
DES TERRORISTES À LA RETRAITE, Mosco
THE GETAWAY, Sam Peckinpah
SAUVE QUI PEUT (LA VIE), Jean-Luc Godard
NO MAN'S LAND, Alain Tanner
LES LARMES AMÈRES DE PETRA VON KANT, Rainer W. Fassbinder
MAMAN KUSTER S'EN VA AU CIEL, Rainer W. Fassbinder
LA TENTATION D'ISABELLE, Jacques Doillon
COLONEL REDL, István Szabó
SANS TOIT NI LOI, Agnès Varda

1986

L'Histoire officielle, Luis Puenzo
Inspecteur Lavardin, Claude Chabrol
Signé Renard, Michel Soutter
Havre, Juliet Berto
Genesis, Mrinal Sen
Opera do malandro, Ruy Guerra
God's country, Louis Malle
Mammame, Raoul Ruiz
Mélo, Alain Resnais
Rosa Luxembourg, Margarethe von Trotta
Chambre avec vue, James Ivory
La Puritaine, Jacques Doillon

1987

La messe est finie, Nanni Moretti
Masques, Claude Chabrol
La Storia, Luigi Comencini
La Dame de Musashino (rep.), Kenji Mizoguchi
Le Destin de MME Yuki (rep.), Kenji Mizoguchi
L'Apiculteur, Theo Angelopoulos
Fatherland, Ken Loach
Good morning Babylonia, P. et V. Taviani
Brother can you spare a dime, Philippe Mora
La Vallée fantôme, Alain Tanner
Au revoir les enfants, Louis Malle
Maurice, James Ivory

1988

MA VIE DE CHIEN, Lasse Hallström
LA VIE EST UN LONG FLEUVE TRANQUILLE, Étienne Chatiliez
SAMMY ET ROSIE S'ENVOIENT EN L'AIR, Stephen Frears
BAGDAD CAFE, Percy Adlon
PRINCE DES TÉNÈBRES, John Carpenter
CHOCOLAT, Claire Denis
BARBEROUSSE (rep.), Akira Kurosawa
ATLANTIC CITY (rep.), Louis Malle
LE TEMPS DU DESTIN, Gregory Navas
UNE AFFAIRE DE FEMMES, Claude Chabrol
LES MARIS, LES FEMMES, LES AMANTS, Pascal Thomas
STORMY MONDAY, Mike Figgis
LE HASARD, Krzysztof Kieslowski

1989

FAUX SEMBLANTS, David Cronenberg
UNE HISTOIRE DE VENT, J. Ivens / M. Loridan
INVASION À LOS ANGELES, John Carpenter
SHAKESPEARE WALLAH, James Ivory
ROSALIE GOES SHOPPING, Percy Adlon
GANASHATRU, Satyajit Ray
ZUCKERBABY, Percy Adlon
I WANT TO GO HOME, Alain Resnais

1990

LET'S GEST LOST, Bruce Weber
MAMAN, Romain Goupil
POURQUOI BODHI DHARMA EST-IL PARTI VERS L'ORIENT ?, Yong Kyun Bae
MONA ET MOI, Patrick Grandperret
AUX SOURCES DU NIL, Bob Rafelson
HARRY PLOTNICK SEUL CONTRE TOUS, Michael Roemer
KILL ME AGAIN, John Dahl
UN WEEK-END SUR DEUX, Nicole Garcia
TAXI BLUES, Pavel Lounguine
L'AIGUILLON DE LA MORT, Kohei Oguri
TANTE JULIA ET LE SCRIBOUILLARD, Jon Amiel
RASPAD, Mikhail Belikov

1991

REI DÔM, Jean-Claude Gallotta
EATING, Heny Jaglom
MADAME BOVARY, Claude Chabrol
LA LISTE NOIRE, Irwin Winckler
LADY FOR A DAY (rep.), Franck Capra
LE PROCÈS DU ROI, Joao Mario Grilo
TROUBLES, Wolfgang Petersen
L'AMOUR EN DEUX, Jean-Claude Gallotta

1992

AOÛT, Henri Herré
BETTY, Claude Chabrol
A BRIGHTER SUMMER DAY, Edward Yang
I WAS ON MARS, Dani Levy
CINQ FILLES ET UNE CORDE, Yeh Hung-Wei
JERSEY GIRLS, David Burton Morris
L'EUNUQUE IMPÉRIAL, Tian Zhuangzhuang
LE CHÊNE, Lucian Pintilie
LA PETITE AMIE D'ANTONIO, Manuel Poirier
RIENS DU TOUT, Cédric Klapisch

1993

HYÈNES, Djibril Diop Mambety
TROIS COULEURS BLEU, Krzysztof Kieslowski
MAZEPPA, Bartabas

1994

TROIS COULEURS BLANC, Krzysztof Kieslowski
L'ENFER, Claude Chabrol
LE CHEVAL VENU DE LA MER, Mike Newell
UN ÉTÉ INOUBLIABLE, Lucian Pintilie
TROIS COULEURS ROUGE, Krzysztof Kieslowski
L'AMATEUR, Krzysztof Kieslowski
LES AVENTURES D'IVAN TCHONKINE, Jiri Menzel

1995

La Poudre aux yeux, Maurice Dugowson
En mai, fais ce qu'il te plaît, Pierre Grange
Salam cinéma, Mohsen Makhmalbaf
La Nuit et le Moment, Anna Maria Tato
La Cérémonie, Claude Chabrol
L'Amour meurtri, Mario Martone

1996

Chamane, Bartabas
Temps amour, Mohsen Makhmalbaf
Sortez des rangs, Jean-Denis Robert
Gabbeh, Mohsen Makhmalbaf
Une vie normale, Angela Pope

1997

Profundo carmesi, Arturo Ripstein
Trop tard, Lucien Pintilie
Un instant d'innocence, Mohsen Makhmalbaf
Sélect hotel, Laurent Bounhik
Goodbye south goodbye, Hou Hsiao Hsien
Les Médiateurs du Pacifique, Charles Belmont
La Cicatrice, Krzysztof Kieslowski
Rien ne va plus, Claude Chabrol
Sunday, Jonathan Nossiter

1998

ICE STORM, Ang Lee
IRISH CREAM, Paddy Breathnach
LA POMME, Samira Makhmalbaf
THE BIG SWAP, Niall Jonhnson
LOUIS ET FRANK, Alexandre Rockwell
LE SILENCE, Mohsen Makhmalbaf
TERMINUS PARADIS, Lucien Pintilie
CLAIRE DOLAN, Lodge Kerrigan

1999

AU CŒUR DU MENSONGE, Claude Chabrol
KARNAVAL, Thomas Vincent
PETITS FRÈRES, Jacques Doillon
UNDER THE SKIN, Carine Adler
LE CHÂTEAU DES SINGES, Jean-François Laguionie
INNOCENCE, Zeki Demirkubuz
ALLER VERS LE SOLEIL, Yesim Ustaoglu
PHOENIX, Danny Cannon
BEAUTIFUL PEOPLE, Jamin Dizdar
VOYAGES, Emmanuel Finkiel
MADE IN HONG KONG, Fruit Chan
CURE, Kiyoshi Kurosawa
LE VENT NOUS EMPORTERA, Abbas Kariostami

2000

Cours toujours, Dante Desarthe
Passeurs de rêves, Hiner Saleem
Signs and wonders, Jonathan Nossiter
Jacqueline dans ma vitrine, Philippe Pollet Villard
Jules et Jim (rep.), François Truffaut
La Peau douce (rep.), François Truffaut
Histoire d'Adèle H (rep.), François Truffaut
L'Homme qui aimait les femmes (rep.), François Truffaut
Le Dernier Métro (rep.), François Truffaut
Les Deux Anglaises et le continent (rep.), François Truffaut
La Femme d'à côté (rep.), François Truffaut
La Chambre verte (rep.), François Truffaut
Un temps pour l'ivresse des chevaux, Bahman Ghobadi
Merci pour le chocolat, Claude Chabrol
Code inconnu, Michael Haneke

2001

I am Josh Polonski's brother, Raphaël Nadjari
Tirez sur le pianiste (rep.), François Truffaut
La mariée était en noir (rep.), François Truffaut
La Sirène du Mississipi (rep.), François Truffaut
Vivement dimanche (rep.), François Truffaut
Les 400 Coups (rep.), François Truffaut

BAISERS VOLÉS (rep.), François Truffaut
DOMICILE CONJUGAL (rep.), François Truffaut
L'AMOUR EN FUITE (rep.), François Truffaut
LA PIANISTE, Michael Haneke
ABC AFRICA, Abbas Kiarostami
LE SOUFFLE, Damien Odoul

2002

FATMA, Khaled Ghorbal
JEUNESSE DORÉE, Zaida Ghorab Volta
L'OISEAU D'ARGILE, Tareque Masud
APARTMENT #5C, Raphaël Nadjari
TEN, Abbas Kiarostami
LE DICTATEUR (rep.), Charles Chaplin
ANGELA, Roberta Torre
SALOMÉ, Carlos Saura

REMERCIEMENTS

**À tous ceux qui ont participé
ou participent encore à l'aventure MK2**

Philippe Aigle, Claude Alphandéry, Francis Boespflug, Laurent Carrignon, Véronique Cayla, Yvon Crenn, Pierre Dauzier, Monica Donati, Martine Dufour, Caroline Eliacheff, Yann Gicquel, Alain Goldman, Évelyne July, Nathanaël Karmitz, Nathalie Kreuther, Jean Labadie, Marc Mercier, Bertrand Roger, Martine Saada, Clarisse Setbon, Eva Simonet, Fabienne Vonnier ainsi que les fidèles équipes des salles MK2.

Table des matières

Préface de Stéphane Paoli............................. 7

Chapitre 1 : Au revoir les enfants...................... 13
Chapitre 2 : Sauve qui peut (la vie) 31
Chapitre 3 : En mai, fais ce qu'il te plaît.......... 59
Chapitre 4 : Rien ne va plus............................ 83
Chapitre 5 : I want to go home 115
Chapitre 6 : Le vent nous emportera................. 133
Chapitre 7 : Terminus paradis 155

Films produits, coproduits et/ou distribués par
MK2 entre 1974 et 2002 189
Remerciements...................................... 203

Achevé d'imprimer en janvier 2003
sur presse Cameron
*par **Bussière Camedan Imprimeries***
à Saint-Amand-Montrond (Cher)

N° d'édition : 36197. N° d'impression : 030556/4.
Dépôt légal : janvier 2003.
Imprimé en France
ISBN : 2-01-235623-0